{ 可以感知温度的科学，可以带来触动的科学 }
{ 可以丰富色彩的科学，可以生发探索的科学 }

我的大学梦

wodedaxuemeng

刘蓉洁 编著

U0655317

北方妇女儿童出版社

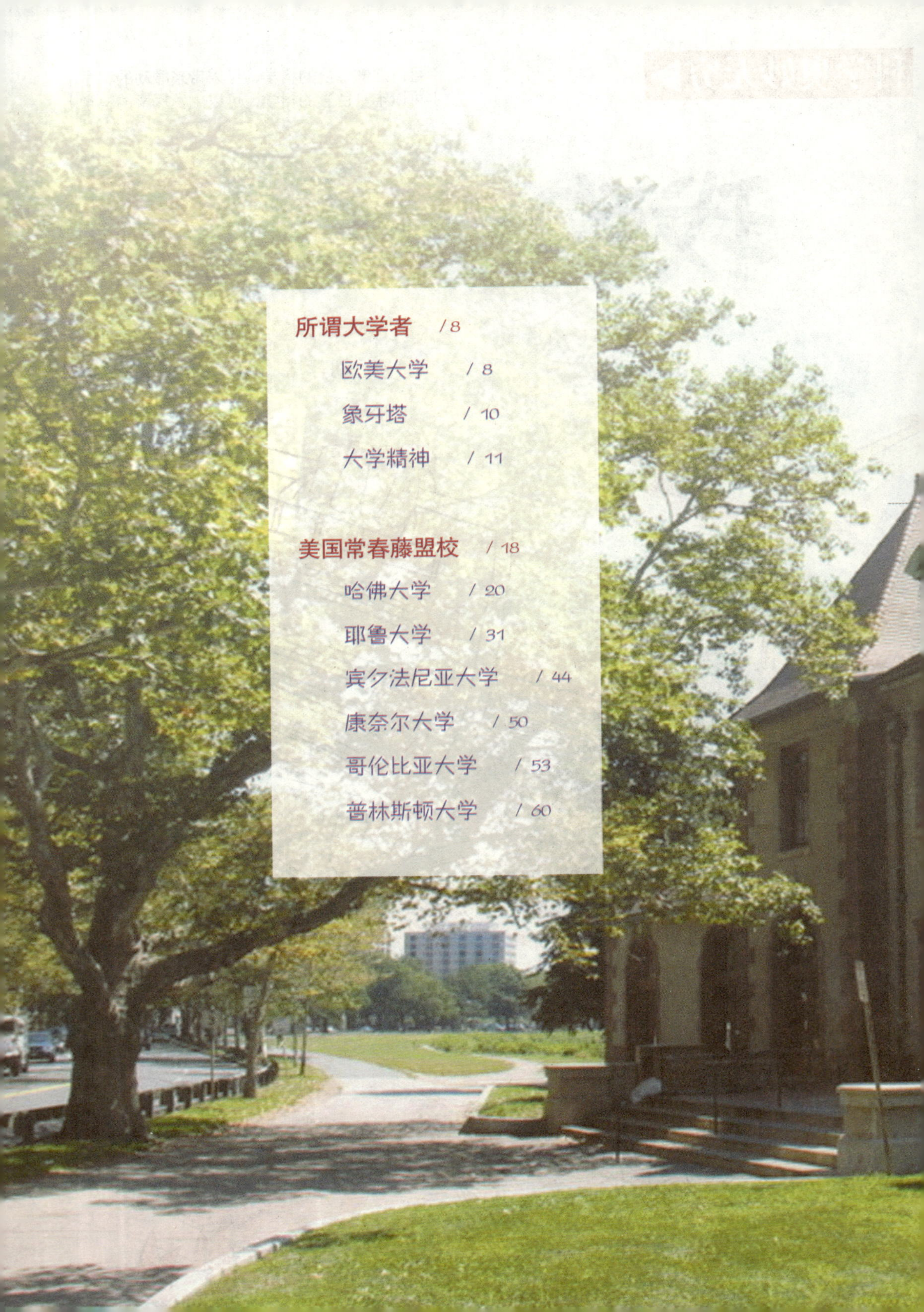

目录

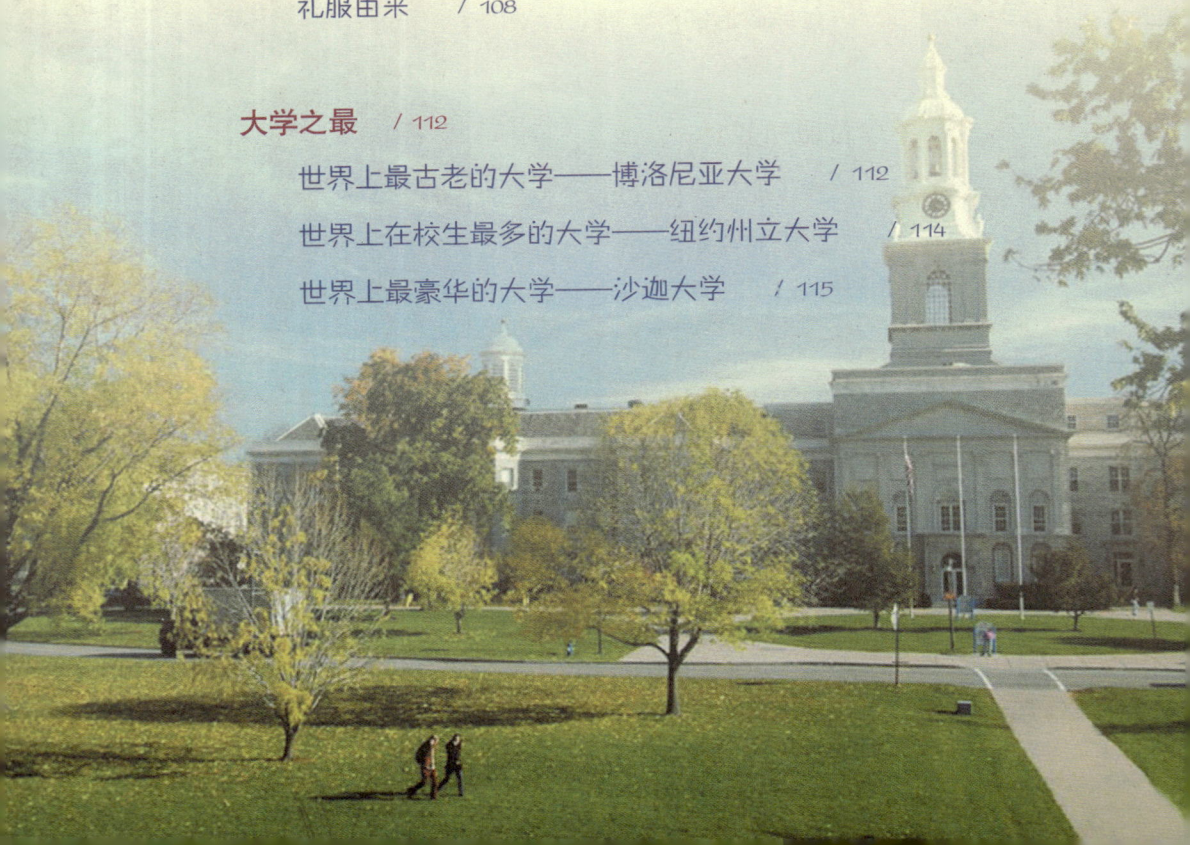

目录

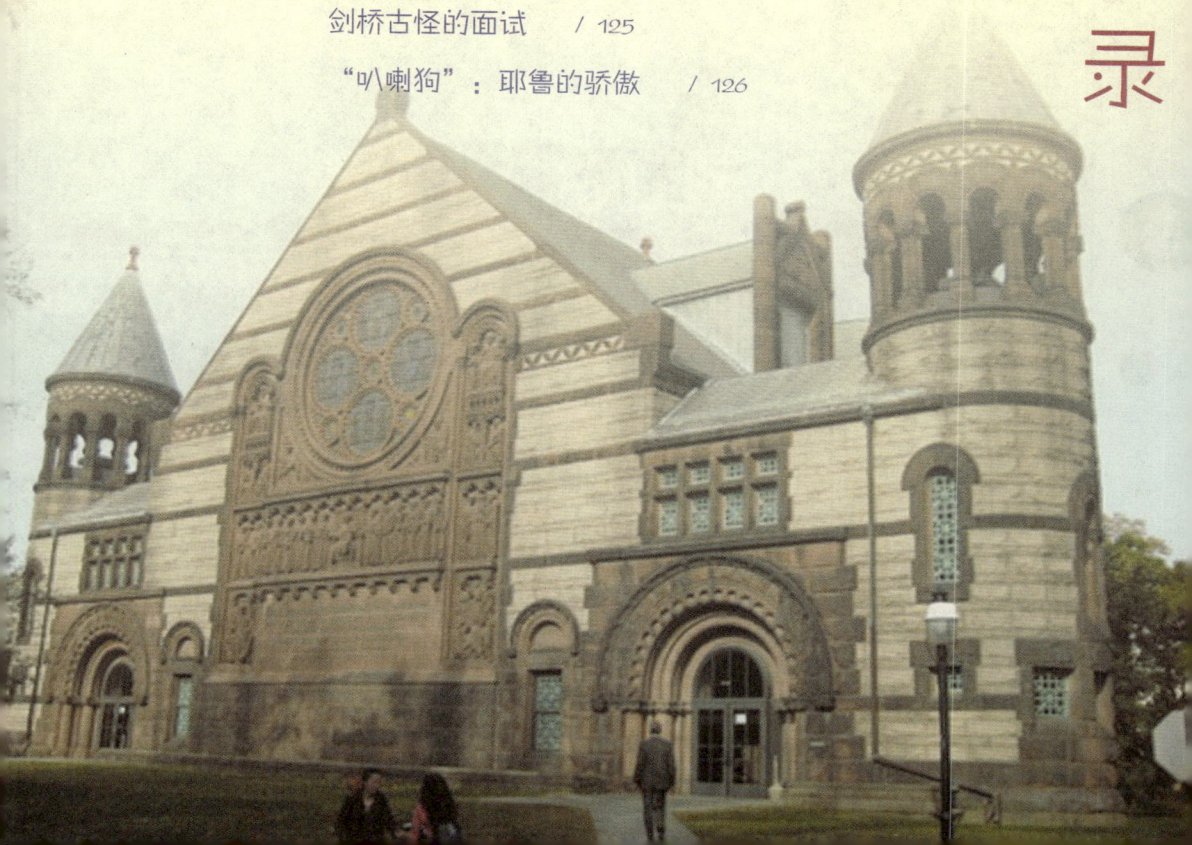

象牙塔中的记忆，是青春的记忆，是一片粉色的梦，时时会闪出一星美丽的光点，变幻着颜色。我们对大学充满着向往，那里是知识的海洋，是求索的地方，是思考的天堂，让我们在世界名校中，去搜索自己的大学梦……

● 所谓大学者

欧美大学 ＞

在英文中，大学一词为"University"，是由"Universe"（宇宙）这个词的前身派生而来的。"Universe"的前身，在拉丁文中为"Universus"，是由表示"一"的"Unus"和表示"沿着某一特定的方向"的"Versus"构成的，"Universus"字面上的意思因此就是"沿着一个特定的方向"。"Universum"是"Universus"的中性单数形式，用作名词时指"宇宙"，同样派生词"Universitas"也指"一群个人的联合体、社团"。在中世纪，拉丁文在政府、宗教和教育等领域得到使用，"Universitas"这个词被用来指由教师和学生所构成的新联合体，比如在萨勒诺、巴黎和牛津出现的这种联合体，这类联合体即是今天的大学的最初形式。今天的"University"这个词可以上溯到拉丁词，它首次被记录下来大约是在1300年，当时就是用来指这种联合体。大学有时被人们比作象牙塔（Ivory Tower）。象牙塔（Ivory Tower），根据《圣经·旧约·雅歌》（The Old Test ament, song of songs）第7章

第4节介绍，睿智、富有的以色列王所罗门（Solomon）曾作诗歌1005首，这个词后来被逐渐运用到社会生活的某些方面，主要是指"与世隔绝的梦幻境地、逃避现实生活的世外桃源、隐居之地"。在汉语中，象牙塔的外延涵义主要是比喻脱离现实生活的文学家和艺术家的小天地。

在更早期，希腊哲学家柏拉图于公元前387年在雅典附近的Academos建立"Academy"，教授哲学、数学、体育，这被一些人认为是欧洲大学的先驱。

欧洲中世纪的大学是从教会办的师徒结合的行会性质学校发展起来的。在11世纪时，"大学"一词和"行会"一词同样被用来形容行业公会，但是到了13世纪时，"大学"一词就被用来专指一种学生团体。

欧洲中世纪的大学主要有3种形式：

教会大学，学生和教师在一个校长领导下形成一种密切配合的团体，像巴黎、牛津和剑桥等大学；

公立大学，由学生选举出来的校长总揽校务，如波伦亚和帕多瓦等大学；

国立大学，由帝王征得教皇认可而建立的，如西西里的腓特烈二世成立的那不勒斯大学，卡斯蒂拉的斐迪南三世成立的萨拉曼卡大学。

1088年在意大利博洛尼亚（Bologna）建立的博洛尼亚大学，被认为是欧洲第一所大学，这所学校先由学生组织起来，然后再招聘教师。巴黎大学则是先由教师组织起来，之后再招收学生。

1810年，威廉·冯·洪堡建立柏林大学，将研究和教学结合起来，并确立了"大学自治"和"学术自由"的原则，这被认为是现代大学的开端。这种模式在美国最早被约翰斯·霍普金斯大学效仿，被世界各地的大学广泛采用。

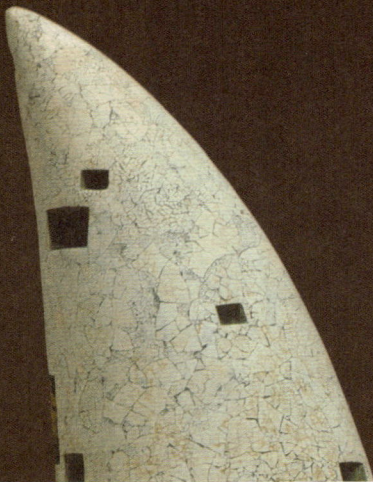

象牙塔

象牙塔 〉

19世纪法国诗人、文艺批评家圣佩韦·查理·奥古斯丁在书函《致维尔曼》中批评同时代的法国浪漫主义诗人维尼作品中的悲观消极情绪，主张作家从庸俗的资产阶级现实中超脱出来，进入一种主观幻想的艺术天地——象牙之塔。

"象牙塔"一词后来被逐渐运用到社会生活的各方面，主要是指"脱离现实生活的文学家和艺术家的小天地"。在汉语中，象牙塔原指忽视现实社会丑恶悲惨之生活，而自隐于其理想中美满之境地以从事创作，意为超脱现实社会，远离生活之外，躲进孤独舒适的个人小天地，凭主观幻想从事写作活动；外延涵义主要是"比喻脱离现实生活的文学家和艺术家的小天地"。大学、研究院正是这种地方。

鲁迅先生曾号召革命的文艺家要走出象牙之塔，到社会中去，到旋涡的中心里去，这样才能创作出反映现实生活的好作品。象牙塔只是一个概念，人们把它用在生活中是为了用来说明自己生活的不现实。大学的生活固然美好，也是很多人向往的地方，但毕竟那只是没来的人的一种想象。记得认清自己。

大学精神 ＞

　　"大学精神"是大学自身存在的和在发展中形成的具有独特气质的精神形式的文明成果，它是科学精神的时代标志和具体凝聚，是整个人类社会文明的高级形式。面临知识经济的机遇和挑战，建设"大学精神"不仅是高等教育自身发展的需要，同时也是社会进步的需要。"大学精神"的本质特征所概括为创造精神、批判精神和社会关怀精神。

• 创造精神

　　创造精神是大学存在的价值所在，是大学在社会有机体中保证自身地位的根本生命力。文化的继承不能依赖遗传，只能通过传递方式继承并发展下去。教育从一开始就成为传递和保留人类文化的重要手段。爱因斯坦正是在这个意义上理解学校的："学校向来是把传统的财富从一代传到下一代的最重要的手段。"与过去相比，这种情况更加适用于今天。

爱因斯坦

由于经济现代化的作用，作为传统教育的传递者——家庭，其教育作用已经被削弱。因此，比起以前，人类社会的延续和健康，要在更高程度上依靠学校，大学教育通过确立教育内容对人类文化进行选择，对人类文化进行整理。通过更新教育观念，更新人们的价值观念，更新人们的价值取向，改变思维方式，实现文化的再生。

从洪堡提出教学与科研相统一的原则看，科学研究成为大学的一个基本职能，现在大学的科研成果的多少也就是标志着大学对社会的贡献的大小。如果把大学为社会培养的创造性人才称为高素质的劳动者，那么，大学的科研成果则是对社会生产力的又一直接贡献，二者共同构成了大学的生产力与生命力的标志。"斯坦福精神"之所以被世人称道，关键在于其拥有众多的诺贝尔奖及全美科学奖的获得者，拥有把科学研究转化为生产力的

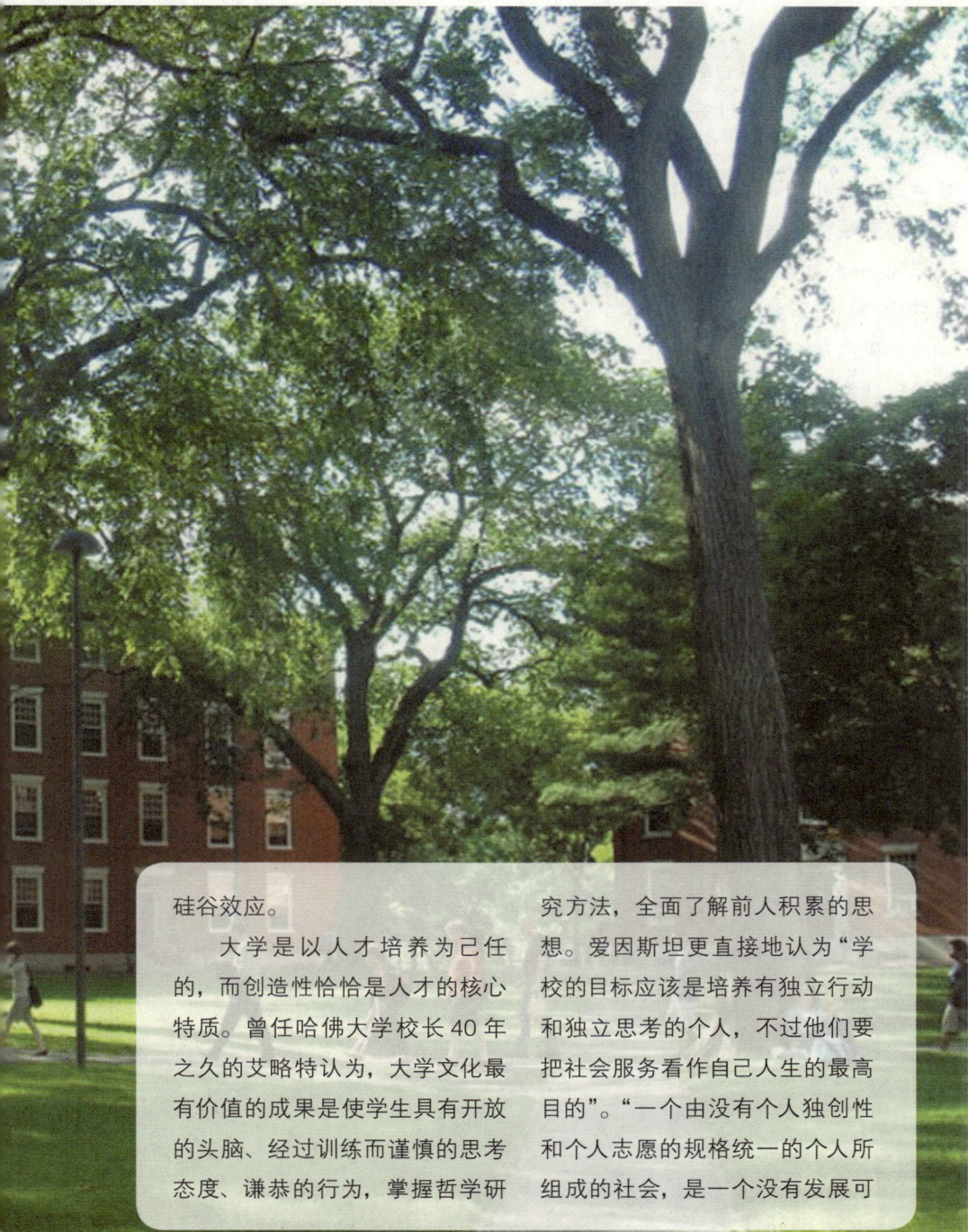

硅谷效应。

　　大学是以人才培养为己任的，而创造性恰恰是人才的核心特质。曾任哈佛大学校长40年之久的艾略特认为，大学文化最有价值的成果是使学生具有开放的头脑、经过训练而谨慎的思考态度、谦恭的行为，掌握哲学研究方法，全面了解前人积累的思想。爱因斯坦更直接地认为"学校的目标应该是培养有独立行动和独立思考的个人，不过他们要把社会服务看作自己人生的最高目的"。"一个由没有个人独创性和个人志愿的规格统一的个人所组成的社会，是一个没有发展可

能的不幸的社会"。

另一方面，大学也创造社会理想，并把这些理想传递给社会成员，通过人们的实践，使理想变成现实的文化实体。社会理想是社会需要的具体反映，这种需要是反映社会发展规律并以社会发展规律为基础的。由于在文化积累方面的特殊优势，知识分子，特别是集中在大学校园里的知识分子比其他社会成员更能认识社会发展规律。有了对社会规律的认识，就能够提出符合社会发展规律的社会理想。

- 批判精神

与社会其他结构相比，大学具有自身的优势，具体表现在——大学是知识聚集的场所。大学是继承传统科技文化遗产，不断创造新科技文化的场所，聚集了古今中外各种知识，具有很强的知识容量。大学是思想观念和学术思潮的交汇处。大学生产生新思想，包容新观念，在这里不同的学术观念可以并存，不同的思想可以通过学术交流相互影响，这里具有良好的争鸣传统和追求理想的永恒特性。

大学校园

欧洲中世纪早期的大学

从欧洲中世纪早期开始，大学就有了自治的传统，并以传播知识和研究学问为最高理想，相对超越于社会现实。大学的批判精神首先表现为大学教师在教学和科研过程中能够以科学的态度对待传统与现实，否定非科学的内容，破除迷信与保守主义，建立科学的知识体系。可以这样说，大学的教学与科研发展史就是科学史重要过程的展开史，是一个肯定与否定相结合的扬弃过程。

大学批判精神的另一方面是对社会现实的理性反思和价值构建。进入技术时代后，技术性淡化了人性，使人失去了对他人的热情和敏感，结果人性变成了技术的牺牲品。同时，人性又屈服于技术，把技术崇拜为神。科学与人文分离的结果就两个极端而言，出现了两种畸形人：一种是只懂技术而灵魂苍白的"空心人"，一种是不懂技术、奢谈人文的"边缘人"。现实社会改变这种"技术毒害"是无力的，而大学教育者，特别是人文社会科学教育却将其作为应有的内容。

早在世纪初，西方一些著名的大学就注意克服这种片面性，探索科技与人文的

麻省理工学院

汇通之路。哈佛在学生一二年级时开设"通识课程"，广泛涉及人文、社会和自然科学的各个方面；麻省理工学院的工科学生要学占总课时 22% 左右的人文课程；我国现行被一再呼吁的人性教育、全人教育、通识教育、道德教育、心理教育等无不是针对技术对人的异化进行批判的结果。

批判精神的最后一个方面是大学知识群体对政府决策的参谋和建议。科学决策是政府决策的关键，但是决策者由于自身素质的限制，做到科学决策并不容易，所以要倾听专家意见，请专家参与决策成为决策机制中的一环。专家之所以成为专家，就是因为他们职业所特有的对问题的科学态度和客观的批判精神。

• 社会关怀精神

高等教育是社会发展的必然产物，社会需要是社会发展的第一推动力。在工业化、信息化的社会里，大学已经被越来越深入地卷进社会机器的运转之中。关注现实、服务社会成为高校的第三职能，高等教育通过科学研究直接转化为社会第一生产力——科学技术；通过人才培养，为社会提供生产力中最活跃的因素——高质量的人力资源。

社会关怀精神还表现在大学对社会精神文明的参与和建设。除了在生产力方面对社会的贡献外，大学通过直接的人文社会科学的研究和宣传为社会提供精神产

品，包括哲学研究、文学创作与批判、思想道德建设等。知识分子在提炼和批判社会生活的同时，又把各种精神产品投资到社会，为社会主义建设提供直接的内容。

• 崇尚民主

大学的民主精神主要体现在民主管理和民主施教上。实施民主管理必须更新教育观念，改革教育体制，鼓励多样化，建立公平的竞争环境与机制，建立规范化、法制化的管理模式。这就要求大学管理者的作风与品质，不是自信专横，而是从善如流；不是固步自封，而是善于进取；不是因循守旧，而是富于想象；不是高高在上，而是深入群众；不是妄自尊大，而是对自己能力的局限性颇有自知之明。

民主施教的关键是视学生为朋友，教学相长。教师要倾听学生的意见，不断改革教学内容和方法。麻省理工的做法值得参考：一是为了培养学生的独立探索精神，老师总是留出自由思考的时间；二是给本科学生提供研究机会，学生或者参加老师的研究课题，或者自己设计题目请老师做顾问；三是安排独立活动计划，由学生自己决定活动目标和实现目标的方法；四是提供科学、技术，利用人文学科并进的"博通计划"，鼓励学生参加各种学术讨论会。这些都是改变传统教学模式，实施民主教学的新方法，体现了大学的民主治学精神。

西方著名大学

● 美国常春藤盟校

常春藤盟校指的是由美国东北部地区的8所大学组成的体育赛事联盟。它们全部是美国一流名校，也是美国产生最多罗德奖学金得主的大学。此外，建校时间长，8所学校中的7所是在英国殖民时期建立的。美国8所常春藤盟校都是私立大学，和公立大学一样，它们同时接受联邦政府资助和私人捐赠，这些资助和捐款全部被用于学术研究。由于美国公立大学享有联邦政府的巨额拨款，私立大学的财政支出和研究经费要低于公立大学。

美国常春藤盟校

常春藤盟校的说法来源于上世纪的50年代。上述学校早在19世纪末期就有社会及运动方面的竞赛，盟校的构想被酝酿于1956年，各校订立运动竞赛规则时进而订立了常春藤盟校的规章，选出盟校校长、体育主任和一些行政主管人员，他们定期聚会讨论各校间共同的有关入学、财务、援助及行政方面的问题。早期的常春藤学院只有哈佛、耶鲁、哥伦比亚和普林斯顿4所大学。4的罗马数字为"IV"，加上一个词尾Y，就成了"IVY"，英文的意思就是常春藤，所以又称为常春藤盟校，后来这4所大学的联合会又扩展到8所，成为如今享有盛誉的常春藤盟校。

常春藤盟校目前是由美国的7所大学和1所学院组成的一个大学联合会。它们是：马萨诸塞州的哈佛大学、康涅狄格州的耶鲁大学、纽约州的哥伦比亚大学、新泽西州的普林斯顿大学、罗得岛的布朗大学、纽约州的康奈尔大学、新罕布什尔州的达特茅斯学院和宾夕法尼亚州的宾夕法尼亚大学。这8所大学都是美国首屈一指的大学，历史悠久，治学严谨，许多著名的科学家、政界要人、商贾巨子都毕业于此。在美国，常春藤盟校被作为顶尖名校的代名词。

19

哈佛大学 〉

哈佛大学是一所位于美国马萨诸塞州波士顿剑桥城的私立大学，是常春藤盟校成员之一，1636年由马萨诸塞州殖民地立法机关立案成立。该机构在1639年3月13日以一名毕业于英格兰剑桥大学的牧师约翰·哈佛之名，被命名为哈佛学院，1780年哈佛学院更名为哈佛大学。哈佛大学是一所在世界上享有顶尖声誉、财富和影响力的学校，被誉为美国政府的思想库，其商学院的案例教学也盛名远播。在世界各研究机构的排行榜中，经常名列全球大学第一位。

• 学校简介

哈佛大学的正式注册名称为 The President and Fellows of Harvard College，是位于美国马萨诸塞州波士顿剑桥城的一所私立大学，同时也是常春藤盟校成员之一。1636年由马萨诸塞州殖民地立法机关立案成立，迄今已是美国历史最悠久的高等学府，也是北美第一间和最古老的法人机构。医学院和商学院位于波士顿市区。在剑桥城，与哈佛大学相邻的是与之齐名的麻省理工学院。哈佛大学是一所在世界上享有顶尖声誉、财富和影响力的学校。

另外，哈佛也是全世界生产最多有"全球本科生诺贝尔奖"之称的罗德奖学

金得主的大学。哈佛最初被称为"新学院"或"新市民学院",该机构在 1639 年 3 月 13 日以一名毕业于英格兰剑桥大学伊曼纽尔学院年轻的牧师约翰·哈佛之名,命名为哈佛学院,因为他捐赠了 779 英镑(按每年 6%、每 12 年翻倍的增长率计算,到 2011 年共翻番 31 次,相当于至少增长 11 亿倍)以及 400 本书籍(这是他的一半财产)。哈佛大学作为一个"大学",目前最早的文献指出这是在麻州新宪法颁布的 1780 年实现的。

美国于 1776 年建国,比哈佛建校要晚近 140 年。15 世纪末,由欧洲通往美洲的大西洋航道被哥伦布开辟出来以后,欧洲人纷纷远涉重洋来到美洲。17 世纪初,首批英国移民到达北美,在那

里开拓自己的"伊甸园"——新英格兰。移民中有 100 多名清教徒,他们曾在牛津和剑桥大学受过古典式的高等教育,为了让他们的子孙后代在新的家园也能够受到这种教育,他们于 1636 年在马萨诸塞州的查尔斯河畔建立了美国历史上第一所学府——哈佛学院。

正因为哈佛大学的建立者当中有很多人是剑桥大学的毕业生,哈佛大学所在的城市也就被命名为剑桥城。其实原来这所大学的名字叫"剑桥学院",哈佛大学名字来源于一位名叫约翰·哈佛的学院院长。这位院长去世时,将自己积蓄的一半和 400 本图书(在 1638 年,对于一所创建仅两年、第一届只有学生 9 位的学校,这可不是小数目)捐赠给

这所大学。后来经过议院的投票，决定将这所大学命名为哈佛学院。

这里还有一个有趣的故事。在哈佛大学，有一尊哈佛先生的塑像，这个雕像虽然标注着哈佛先生的名字，但雕刻的并不是哈佛先生本人。由于哈佛先生没有留下任何的影像资料，当后人计划修建这样一尊雕塑时也就没有了模板，只能在当时的哈佛大学里找到一位比较帅的学生作为雕刻的模特，顶替哈佛先生。由于影像资料的欠缺，用比较帅的学生来代替原人作为雕刻的模特，这种情况在美国大学中并不少见。

在 40 岁担任哈佛大学校长（1869 年至 1909 年）的查尔斯·威廉·艾略特从根本上使哈佛蜕变为现代美国的研究型大学。艾略特的改革措施包括选修课程、小班授课以及入学考试，此"哈佛模式"影响了美国国家的高等和中等教育政策。此外，艾略特还负责出版了现在著名的"哈佛经典"，这是一本从多个学科收集"伟大的书"。他的名字在 1926 年逝世后，已和"哈佛"共同成为美国高等教育普遍愿景的同义词。

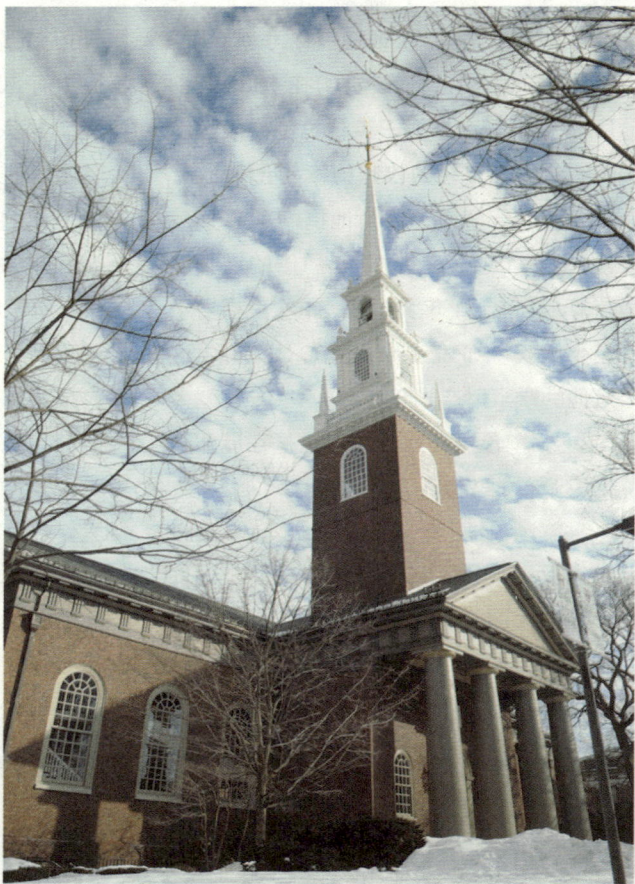

• 大学校训

1639 年，为了纪念剑桥学院的创办者和建校费用的主要捐献者约翰·哈佛，马萨诸塞议会通过决议，将剑桥学院改名为"哈佛学院"。由哈佛学院时代沿用至今的哈佛大学校徽上面，用拉丁文写着 VERITAS 字样，意为"真理"。哈佛大学校训的原文，也是用拉丁文写的，意为"以柏拉图为友，以亚里士多德为友，更要以真理为友"。校徽和校训的文字，都昭示

着哈佛大学立校兴学的宗旨：求是崇真。哈佛早期的校训是"察验真理"（1643年）、"荣耀归于基督"（1650），以及"为基督·为教会"（1692年）。

哈佛早期印章展示3本翻开的书本，两本面向上，一本面向下，象征着理性与启示之间的动力关系。哈佛的一份最早期文献——1642年的学院法例——如此写道："让每一位学生都认真考虑以认识神并耶稣基督为永生之源，作为他人生与学习的主要目标，因而以基督作为一切正统知识和学习的唯一基础。所有人既看见主赐下智慧，便当在隐秘处认真借着祷告寻求他的智慧。"美国建国后，哈佛大学校训恢复为最早确立的"真理"。

• 哈佛发展史

1693年，北美第二所学府威廉·玛丽学院（今弗吉尼亚大学的第一所学院）诞生。1701年，耶鲁学院（今耶鲁大学的第一所学院）成立。这两所学院的出现，使哈佛学院有了伙伴和竞争的对手。18世纪下半期，北美洲陆续建起了9所学院，新建的学院虽然大体上仍沿袭英国古老学府的模式，但毕竟时代不同了，受欧洲启蒙运动和产业革命的影响，数学和自然科学陆续挤进这些学院的教学领域。受英国古老大学传统影响较深的哈佛学院面临着强有力的挑战。1727年，哈佛学院建立了数学和自然哲学的教授讲座，这是顺应时势的变革之举。此时，北美产业革命的势头兴起，新兴的工商业对

23

应用科学的需求使哈佛面临着重大的抉择：要么墨守成规，这将失去它在北美高等学府中的领袖地位；要么推陈出新，以求继续执北美学府之牛耳。哈佛选择了后一条路。

数学和自然哲学教授讲座开设后，哈佛学院还置备了一批科学仪器和设备，教授们用实验的方法，向学生讲授天文、物理和化学知识。在数学领域内，设立了测量术和航海术等技术学科。1780 年，医学教授讲座的建立，促进了植物学和化学的研究。教授们开展各种各样的科学研究，并将研究成果在北美和英国的学术刊物上发表，自然科学终于在哈佛建立起牢固的阵地，并对其他学院产生影响。

1775~1783 年，北美 13 个英国殖民地爆发了反对英国殖民统治的独立战争。哈佛学院顺应潮流，站在同情和支持独立战争的正义事业一边。在马萨诸塞，几乎所有著名的革命者都是哈佛的毕业生，包括美国《独立宣言》起草人之一、美国第二任总统约翰·亚当斯。1775 年 7 月 3 日，乔治·华盛顿在哈佛学院所在地坎布里奇就任北美独立战争军队的统帅，他的司令部也一度设在坎布里奇。1776 年美利坚合众国诞生后，哈佛学院给独立战争的主要领导人乔治·华盛顿、托马斯·杰斐逊（《独立宣言》主要起草人、美国第三任总统）、约翰·杰伊（美国联邦最高法院首任首席大法官）、亚历山大·汉密尔顿（首届美国联邦政府财政部长）等人授予荣誉法学博士学位。

到 1780 年，哈佛学院已先后建立了神学、数学和自然哲学、

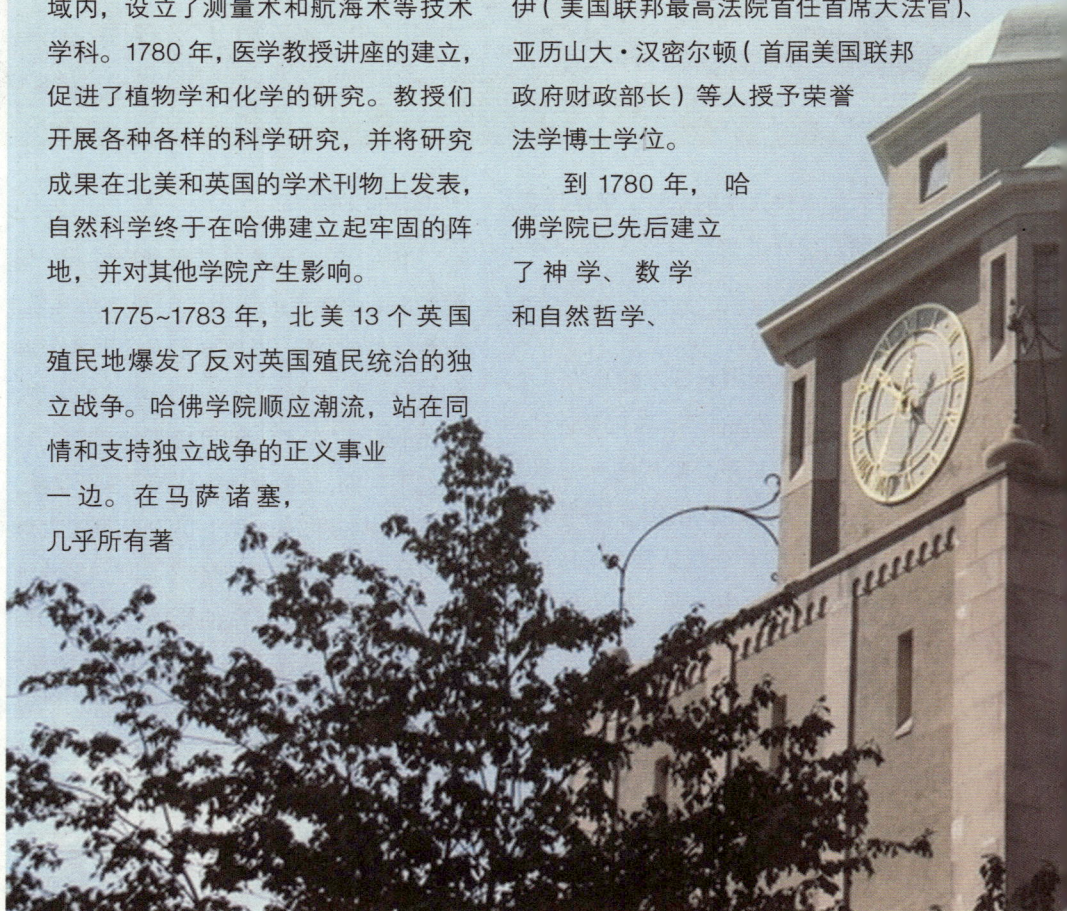

医学等教授讲座，学院升格为大学。按照欧洲中世纪大学的传统，必须拥有3个学院的联合体才够格称为大学，当时马萨诸塞州议会竟破格承认哈佛学院升格为大学，这既是厚爱，也是鞭策。哈佛大学继续抓紧自身建设，1816年设立了神学院，1817年设立了法学院，加上原有的以文理为主科的哈佛学院，一共有了3个学院，成为名副其实、名正言顺的大学了。19世纪上半叶，哈佛大学的影响已超出马萨诸塞，及位于美国中部和南部的大学。

在北美独立战争初年，哈佛学院的基金连同地产的租金在内，不足1700英镑。战后的1793年，哈佛的基金已超过18.2万美元。到了19世纪，由于校友的赞助，哈佛大学的基金稳步上升，1800年为24.2万美元，1869年为225万美元。

1829年，昆西出任哈佛大学校长，他大刀阔斧，极力扭转哈佛大学的方向，大力倡导重视理科的教学。他任职16年（1829~1845年），在哈佛大学办起了理学院，建立了一座天文台。18世纪和19世纪，随着哈佛大学的发展，学校课程内容范围扩大了，重点转换了，自然科学受到了极大重视。

1869~1909年，化学家埃利奥特担任哈佛大学校长，他任职40年，把哈佛大学建设成为了一座规模宏大的现代化大学。他使法学院、医学院获得了新的活力，并且新建了商业管理学院、牙医学院、文理学院，注册学生从1000人上升到3000人，教学人员从49名增加到278名，学校基金从2300万美元增加到2.25亿美元。

1909~1933年，洛厄尔担任哈佛大学校长，他重新制定了大学本科生课程计划，实行课程的集中与分配相结合的制度，以便使学生受到良好的基础教育。洛厄尔实行的导师制至今仍被哈佛大学沿用。洛厄尔最突出的贡献是在哈佛大学实行住宿制度，这一制度的实施使得在大型的综合大学中，本科生都有一个小型的学院环境，新生入学后的第一年住在哈佛校园内或附

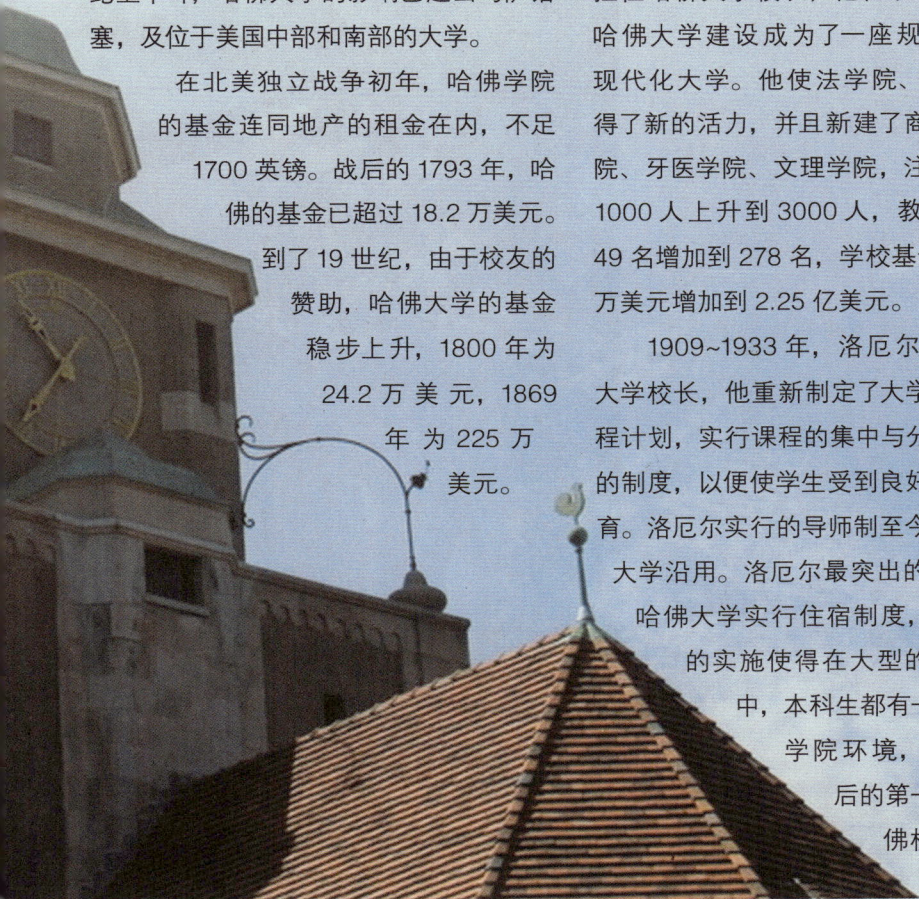

25

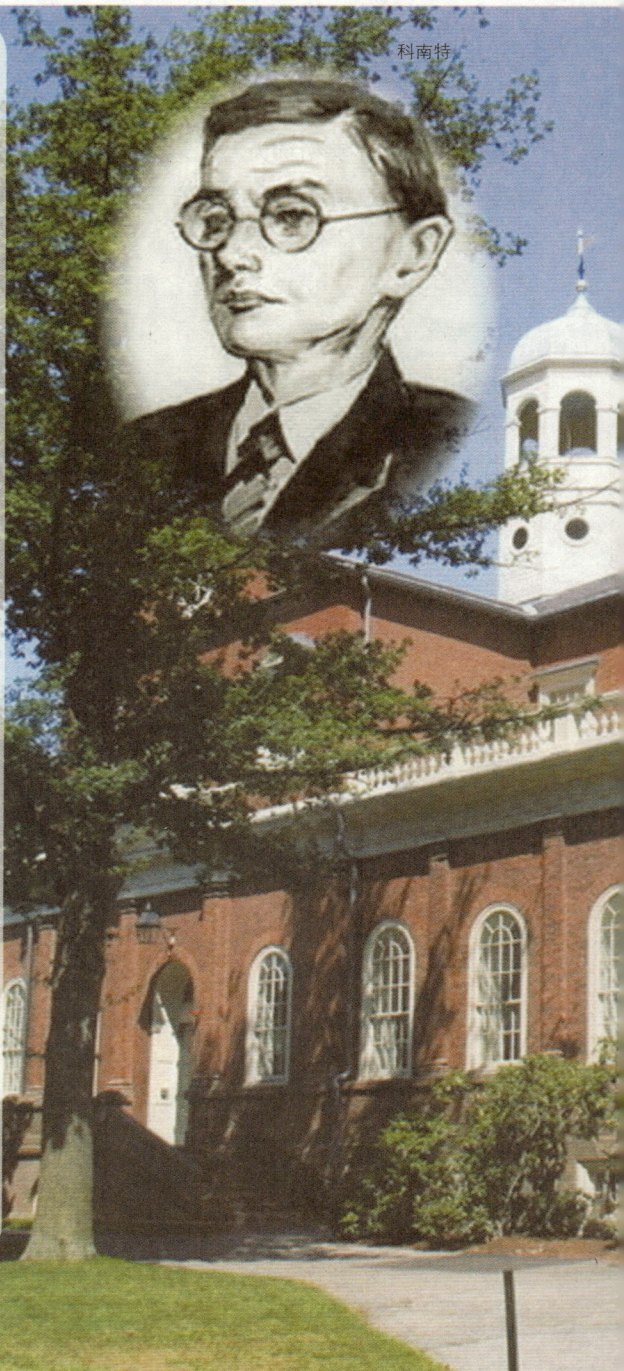

近的宿舍中，一年以后，学生们分住在 12 幢宿舍楼内，还为少数走读生设置了第 13 幢宿舍楼。每幢宿舍楼内有一位住校教师和一个导师组，他们指导学生的学习和生活。此外，每幢宿舍楼还设有餐厅、图书馆，在宿舍楼区，经常开展各种有趣的体育、社会和文化活动。而且洛厄尔以身抗击，保卫哈佛教授穆斯特伯格与拉斯基，使这两位教授得以安在。

近几届的几位校长，科南特、普西、博克和陆登庭等都对哈佛大学的建设作出了巨大的努力。他们一方面千方百计地提高本科生和研究生的教育质量，同时也尽力发挥哈佛大学作为研究机构的出类拔萃的作用。

科南特在 1919—1953 年历任哈佛大学化学系教授、系主任、校长，他在哈佛大学实行校外特别委员会制度，用这个机构来评议学校教师的资格和任期。他还创建了一项普通教育方案，除主修课程以外，向所有本科生提供广泛的学习领域。

科南特

1953—1971 年，普西任校长，在他的主持下，哈佛大学进行了美国高等教育史规模最大的募捐活动，这次活动为哈佛筹集资金达 8.25 亿美元，这项活动提高了哈佛大学教师的薪金，扩大了对学生的资助，建立了新的教授职位，充实了教学设备。

1971 年以来，博克担任校长，他精心处理了高等教育中一些主要问题，包括行政管理、少数民族和妇女受教育的机会以及学术界与工业界之间的技术转换等问题，博克校长还重新组织了哈佛大学的管理机构，把现代化的管理方法和程序引进到哈佛大学的各个研究生院和各个系科。

1991 年，陆登庭出任第 26 任校长，作为更好地协调各学院和教师关系的一部分，他开创了一个集中的全校范围的学术计划，目的是辨别出哈佛最主要和优先的部分。另外，陆登庭还强调大学的责任：优秀的本科教育，大学的门始终向不同经济阶层的人敞开，研究型大学如何适应信息快速增长和严重财政约束的时代，在一个自由表达的社会中迎接挑战。

- ### 哈佛法学院

哈佛法学院创立于 1817 年，虽然比大学部建校（1636）晚几近两百年，仍是美国最古老的法学院。传承着常春藤盟校的盛名，哈佛大学前后曾经栽培过 8 任美国总统，44 位教授或校友曾获诺贝尔奖，大学部及法学院向来名列全美排行前三名。

- ### 哈佛商学院

美国教育界有这么一个说法：哈佛大学可算是全美所有大学中的一项王冠，而王冠上那夺人眼目的宝珠，就是哈佛商学院。哈佛商学院是美国培养企业人才的最著名的学府，被美国人称为"是商人、主管、总经理的西点军校"，美国许多大企业家和政治家都在这里学习过。在美国 500 家最大公司里担任最高职位的经理中，有 1/5 毕业于这所学院。哈佛工商管理硕士学位成了权力与金钱的象征，成了许多美国青年梦寐以求的学位。

哈佛商学院是一个制造"职业老板"的"工厂"，哈佛的 MBA 人人都疯狂地关心企业的成长和利润，他们有着极强的追求成功的冲动和自命不凡的意识，他们是商业活动中的职业杀手。MBA 平均年薪可达 10 万美金以上，以致美国人指责 MBA 的第一条缺点就是他们的身价太高。

• 怀德纳图书馆

哈佛大学图书馆的中央系统位于哈佛庭院的怀德纳图书馆内，整个系统覆盖 80 所不同的图书馆，整体馆藏量超过 1600 万册，是全美最大的学术图书馆网络，同时位居全美第三（仅次于美国国会图书馆和波士顿公共图书馆）。不同的图书馆适合不同类型的读者进入：位处于剑桥市本部的加博科学图书馆、拉蒙特图书馆及怀德纳图书馆为本科生最常去的图书馆；霍顿图书馆及亚瑟·伊丽莎白施莱辛格图书馆专门收藏有关美国女性地位发展的历史参考；哈佛大学数据库搜罗了各种珍贵的书籍及手抄稿；美国一些最古老的地图、地名册等能在哈佛的蒲赛图书馆内找到；而哈佛燕京图书馆内则保管与东亚古老语言相涉的文献。

亨利·基辛格

哈佛杰出校友

哈佛大学共出过 8 位美国总统、44 名诺贝尔奖获得者和 30 名普利策奖获得者。此外，还出了一大批知名的学术创始人、世界级的学术带头人、文学家、思想家，如诺伯特·德纳、拉尔夫·爱默生、亨利·梭罗、亨利·詹姆斯、查尔斯·皮尔士、罗伯特·弗罗斯特、威廉·詹姆斯、杰罗姆·布鲁纳、乔治·梅奥等。著名外交家、美国前国务卿亨利·基辛格也出自哈佛。中国近代，也有许多科学家、作家和学者曾就读于哈佛大学，如胡刚复、竺可桢、杨杏佛、赵元任、陈寅恪、林语堂、梁实秋、梁思成、江泽涵等。哈佛的杰出成就，还表现在在校史上和今天还在校任教的教师中，曾出过许多诺贝尔奖的获得者。

29

耶鲁大学 ＞

● 生活环境

　　耶鲁大学实行类似牛津大学和剑桥大学的"住宿学院"制度。新生被随机分配到耶鲁大学的 12 个住宿学院中，且除极少数特别情况外，所有学生都将在学院中居住 4 年时间（大一和大二的学生必须居住在宿舍）。每所学院都拥有自己完备的设施，包括餐厅、图书馆、健身房、艺术工作室、琴房、照相暗室、电脑室、洗衣房、台球乒乓室、学生厨房，大部分学院还拥有自己的电影院或剧院、攀岩室、壁球馆和桑拿房，24 小时对本院学生开放。每所学院有 1 位院长和 1 位学监，分别负责学生的社交活动和学习生活。每周各院院长还邀请各个领域的著名人士举办茶会，称为"Master's Tea"，本科学生都可参加，受邀的名人不乏美国和世界政、商、体育、娱乐、社会公益等领域的著名人物。

● 历史沿革

　　1638 年，北美康涅狄格成为英国的殖民地。一批英国殖民者乘船飘洋过海来到昆尼皮亚克海湾定居，并使之逐渐发展成为繁荣的纽黑文新港。约翰·达文波特牧师认为教育可以让欧洲文明在美国生根，遂倡议在这里建立大学。虽然他的计划屡屡遭挫，但其思想影响了当地的许多人。

　　因清教派领袖马瑟对哈佛大学越来越对不信教者采取宽容态度而深感不满，于是鼓励英

耶鲁大学

国富商 E. 耶鲁捐款建立这所新校。由于耶鲁不断向这所学校提供捐款，故该校以他的名字命名。学校初期的课程设置注重古典学科，坚持正统的宗教观点。1828 年，美国举国上下提出大学课程设置应重视实用学科，而不是古典学科，耶鲁大学校长 J. 戴就此发表《耶鲁报告》，为传统课程进行辩护，这个报告直到南北战争后仍有影响，减缓了美国各大学引进实用文理课程的进程。1908 年，耶鲁大学开始不再要求学生必修古希腊语；在当时校长 A. 哈德利的影响下，开始注重专业训练。大学图书馆藏书 600 万册，是美国最大的图书馆之一。大学美术馆建于 1823 年，收藏广泛，是美国大学中最早设立的美术馆之一。耶鲁大学的皮波第自然历史博物馆

收藏有古生物、考古和人类文化方面的重要文物。1969 年以前，耶鲁只招收男生，此后才男女同校。

1701 年，以詹姆士·皮尔庞为首的一批公理会传教士说服康州法院同意成立一所教会学校，使青年"可以学习艺术和科学……为教会和国家服务"，10 位受托管理学校的牧师从他们藏书不多的图书馆里拿出 40 本书，作为建校的资本。1701 年 10 月，牧师们推举哈佛大学毕业生亚伯拉罕·皮尔逊为第一任校长，教会学校由此正式成立。但直到第二年 3 月，学校才有了第一个学生雅各布·海明威。1707 年，第一批 18 名学生被授予学士学位。开始的时候学校没有校舍，学生分散在康州的 6 个城市学习。1716 年，托管人投票一致

同意将学校迁至纽黑文。

1718 年，英国东印度公司高层官员伊莱休·耶鲁先生向这所教会学校捐赠了 9 捆总价值 562 英镑 12 先令的货物、417 本书以及英王乔治一世的肖像和纹章，在当时对襁褓之中的耶鲁简直是雪中送炭。为了感谢耶鲁先生的捐赠，学校正式更名为"耶鲁学院"，它就是今日耶鲁大学的前身。18 世纪 30 年代至 80 年代，耶鲁在伯克利主教、斯泰尔斯牧师、波特校长等人的不懈努力下，逐渐由学院发展为大学。至 20 世纪初，随着美国教育的迅猛发展，耶鲁已经发展到了惊人的规模。

耶鲁人

英王乔治一世的肖像

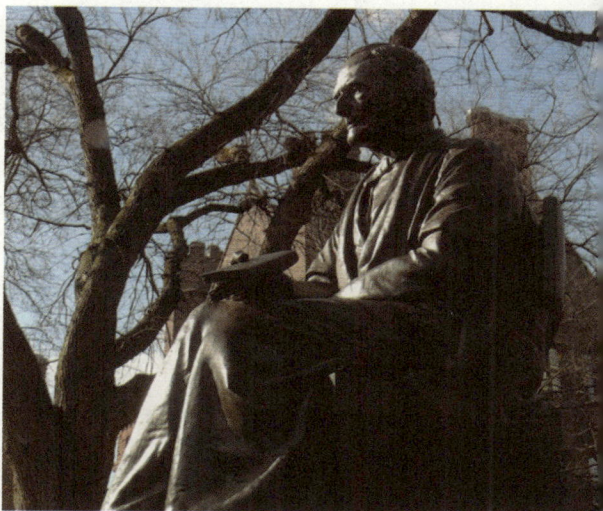

• 教授治校

耶鲁最重要的管理特色是"教授治校"，这一特色对美国高等教育产生了巨大影响。建校初期，经过 3 代校长的努力，耶鲁逐渐形成了董事会不具体参与校务管理而由教授治校的法规。在当时的美国流传着这样一句话："普林斯顿董事掌权、哈佛校长当家、耶鲁教授做主"。

300 多年来，耶鲁人一直为能够坚持独立精神，不向外来的政治压力、物质利诱妥协而自豪——18 世纪中叶，托马斯·克莱普任院长期间，坚持耶鲁是私立学校，并十分强调大学的独立。为此，他采取一切可能的方式对地方政府的干涉进行抵制，直至诉诸法律。至 20 世纪 60 年代越战期间，美国政府下令：凡是自称以道德或宗教理由反战的学生一律不准得到奖学金的资助。当时美国诸多名校遵照政府

33

的指示行事，唯独耶鲁坚守学术独立的一贯作风，仍继续以申请者的成绩为考虑奖学金的唯一原则，完全漠视政府的规定。结果，耶鲁因此失去了来自联邦政府的一大笔基金，经济上几度陷入困境，但其信念依然不变。现任校长理查德·莱文亦曾因捐款人对耶鲁所设课程及其教授聘任提出附加要求，而毫不犹豫地拒绝了2000万美元的捐赠。

即使在前任总统布什被邀请回母校接受一个荣誉法律博士学位时，耶鲁的教授与学生也公开表示了自己的反对意见：那是2001年5月21日，传统的毕业日当天，当校长宣布授予布什荣誉法律博士学位时，学生们报以笑声、嘘声和哨声，一些应届毕业生还打出一条大横幅写道："我们赢得了自己的学位，不要使我们的学位跌价"，他们还手持标语牌谴责布什政府在环境、死刑以及堕胎等问题上的政策。更有大约200名教授集体签字拒绝出席毕业典礼，他们认为无论是布什还是校方这样做纯粹是为了沽名钓誉，因为按照布什当年在学校时候的表现和成绩，他根本没有资格接受那样一个荣誉称号。

加州大学前校长田长霖教授曾经说："在美国，大家有一种认识，哪一个学校的教授力量大，哪一个学校将来就会成为最著名的学校。"教授治校不仅被伯克利奉为圭臬，也同样是耶鲁300多年来所尊奉的。

理查德·莱文

詹妮弗·比尔斯

• 杰出校友

耶鲁素有"总统摇篮"之称。教员之间经常开的玩笑："一不小心，你就会教出一个总统来。"共有5位美国总统毕业于耶鲁；他们分别是美国第27任总统威廉·霍华德·塔夫脱、第38任总统杰拉尔德·福特、第41任总统乔治·赫伯特·沃克·布什、第42任总统比尔·克林顿以及美国第43任总统小布什。耶鲁创造了惊人的奇迹：连续3届总统都出自耶鲁！乔治·布什是耶鲁著名的秘密团体骷髅会的一员。克林顿总统是耶鲁法学院的校友。克林顿与他的夫人希拉里就是在耶鲁法学院的图书馆里相识。著名影星朱迪·福斯特和詹妮弗·比尔斯都毕业于耶鲁文学院。

• 人文精神

耶鲁的目标之一是培养学生的人文精神—— 一种追求人生真谛的理性态度，即关怀人生价值的实现、人的自由与平等以及人与社会、自然之间的和谐等。因而在耶鲁的校徽上，书写着"光明与真知"几个字，那就是继承欧洲人文科学传统，为教会，更具体地说是为公理、为民众培养的神职人员——在耶鲁1701年的宪章上写道：教育的目的是使年轻人"能为教会和公共事业服务"。现任校长理查德·莱文也说："让青年学生们用自己在学术、艺术等专业上的成就为社会作出贡献，为人类生存条件的改善而工作。"

朱迪·福斯特

爱德华·诺顿

耶鲁也为美国演艺圈输送了大批光彩照人的明星，其中中国观众最为熟悉的是以主演《苏菲的选择》和《克莱默夫妇》而两度夺取奥斯卡奖的梅里尔·斯特里普，以及曾凭借《暴劫梨花》《沉默的羔羊》分别荣获第61届、第64届奥斯卡最佳女演员的朱迪·福斯特，还有曾主演《美国X档案》和《搏击俱乐部》的爱德华·诺顿，以及《X档案》中的男主角大卫·杜楚尼，和克莱尔·丹尼丝、朱丽叶·哈里斯、保罗·纽曼、山姆·沃特斯顿、亨利·温克勒等。

希拉里·克林顿

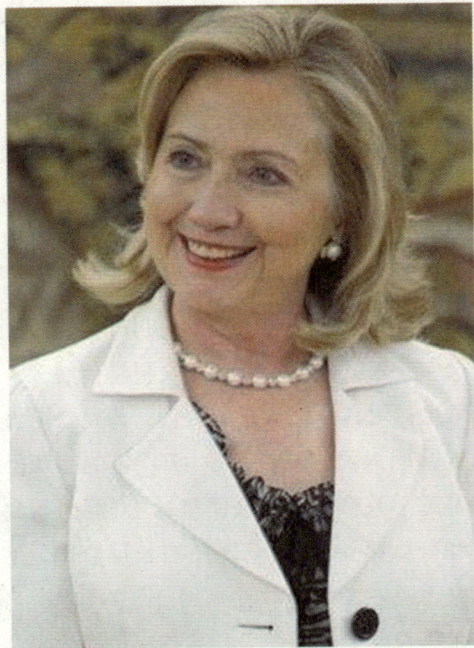

梅里尔·斯特里普毕业于耶鲁戏剧学院。影星爱德华·诺顿毕业于耶鲁大学历史系。《时代周刊》的著名专栏作家凯文·翠林也是耶鲁校友。

除了总统之外，它还培养了众多美国政坛上光彩夺目的领袖人物，如：美国前国务卿希拉里·克林顿、美国前副总统切尼（虽然辍学，但也出身耶鲁）、约翰·克里和约瑟夫·利伯曼，甚至还有韩国前总理李洪九等一些外国政治家。

而担任美国企业领导的耶鲁人，数量也远远超过其他大学的毕业生，飞机设计师和企业家波音、可口可乐公司董事长罗伯特·戈伊苏埃塔、国际投资家罗杰斯、TIME创始人享利·鲁斯、联邦快递创始人弗雷德·史密斯、IBM公司前董事长约翰·艾克斯都是世人皆知的人物。

• 耶鲁精神

正如理查德·莱文校长所说，"教育人们服务于社会并不意味着教育必须集中于掌握实用性的技能。耶鲁追求为学生提供一个宽广、自由的教育面，而非狭窄的、职业性的教育，以便使他们具备领导才能和服务意识。耶鲁大学同时也是一个相互尊重的社区，并且珍视自由的表达和对世间万物的探寻。在这个社区中人们的互动模式同样服务于社会"。——永远强调对社会的责任感，蔑视权威，追求自由和崇尚独立人格被认为是"耶鲁精神"的精髓，它是耶鲁人奉献给世人的一份宝贵财富。

• 校园建筑

耶鲁大学的美丽校园环境甚为著名。而一些现代建筑也常被作为建筑史中的典范出现在教科书中，其中包括路易·康设计的耶鲁大学美术馆、耶鲁大学英国艺术中心和埃罗·萨里宁设计的英格尔斯滑冰场、埃兹拉·斯泰尔斯学院和摩尔斯学院，以及由保罗·鲁道夫设计的艺术和建筑系大楼。

耶鲁大多数古建筑都为哥特式风格，多建于 1917—1931 年期间。大量的浮雕都展现了当时的大学生活：有作家、运动员、喝茶的交际花、读书时打瞌睡的学生等。在耶鲁大学法学院大楼（官方名称为史德林法学大楼）的雕刻上，也展现了当代的一些场景，包括警察追逐强盗和逮捕娼妓

的场面。建筑师詹姆斯·罗杰斯为了使建筑显得老旧，采用了在石质墙面上泼酸、故意打破玻璃并且使用中世纪的方法补合等方式，而且还人为地添加了许多空的装饰性壁龛，仿佛雕塑已经失落很久。虽然耶鲁大学中心校园的大多建筑都呈现中世纪的建筑风格，使用大型的石材，而事实上大多采用的是 1930 年通用的钢结构框架。唯一的例外是哈克尼斯塔，高 216 英尺，在建造时曾经是世界上最高的全石质结构；该塔在 1964 年加固，以在其内部安装耶鲁纪念组钟，共计 54 口；该钟每日在中午 12 点 30 分和下午 5 点整由耶鲁大学的一个专门学生团体奏响，选奏的音乐从经典组钟乐到披头士都有被选择。

而校园内最古老的一幢建筑却属于佐治亚风格，而看起来也似乎更为现代。这座称为"康涅狄格大厅"的建筑建于 1750 年，现坐落于老校园中，为哲学系所在地。校园里其他佐治亚风格的建筑包括蒂莫西德怀特、皮尔逊学院和达文波特学院。

拜内克古籍善本图书馆由戈登·邦沙夫特设计，是当今世界上最大的专门收藏古籍善本的图书馆。图书馆地面以上 6 层的书库由一个玻璃的立方体环绕，而玻璃立方的外面则有一个更大的与之不接触的"盒子"罩住。这座建筑的墙壁是由两英尺见方的产自佛蒙特州的半透明大理石构成，因此可以使馆内微亮而防止阳光中的其他有害射线破坏馆藏图书。广场中一个下沉式庭院中的雕塑由野口勇设计，代表了时间（金字塔）、太阳（圆环结构）和几率（斜立的立方）。

另外，耶鲁大学的佩恩惠特尼体育馆还是当今世界上最大的体育馆，其中包括游泳池、滑艇模拟池、篮球馆、健身房、

康涅狄格大厅

史德林纪念图书馆

击剑馆等所有奥运会项目，还包括 3 个北美最高标准的永久性玻璃壁球场等世界一流的设备。这些设备对本科学生免费开放，研究生则需要支付一定费用。

• 耶鲁大学图书馆

　　耶鲁大学图书馆是美国最大的研究图书馆之一。耶鲁的图书馆坐落于 22 个建筑物之中，包括史德林纪念图书馆和拜内克图书馆。耶鲁图书馆共拥有 1100 万册藏书，以及从古老的纸莎草到电子数据库的各种媒介上的信息。耶鲁图书馆以丰富的特藏而闻名，特藏包括善本书、手稿、档案、地图、照片、音像制品、乐谱、艺术作品和其他独特的研究资料。耶鲁图书馆还拥有不断增长的大量数字式藏品。

　　史德林纪念图书馆位于学校中心地带，收藏有 400 万册图书，并且为耶鲁大学图书馆系统的中心。拜内克古籍善本图书馆则收藏有迄今为止发现的最早的活字印刷本古腾堡圣经。图书馆大部分图书使用国会图书馆编目法，一些较早的收藏仍使用耶鲁编目法。

39

• 体育运动

耶鲁大学共赞助 35 个校级运动队参加常春藤联赛、美东大学体育联赛、新英格兰地区校际帆船联赛。耶鲁大学还是美国 NCAA（全国大学体育联盟）的一级成员。同其他常春藤联盟成员大学一样，

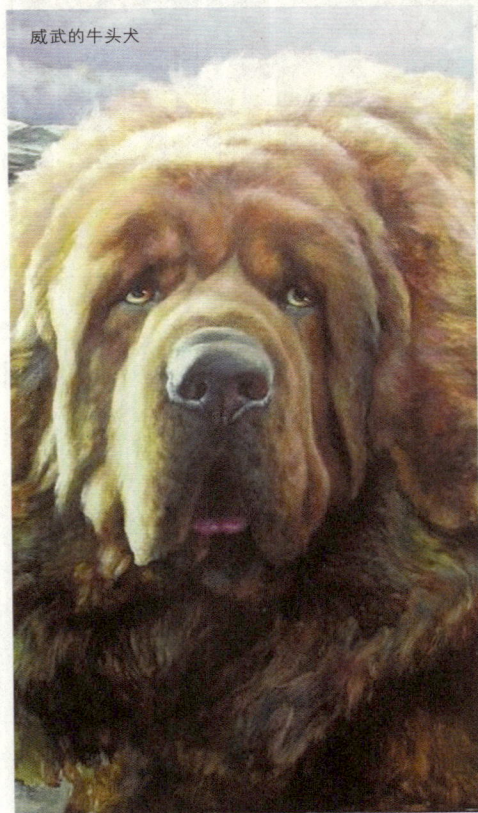

帆船联赛

威武的牛头犬

耶鲁并不提供专门给运动员的奖学金，也同样并不再跻身于篮球和美式足球的顶尖球队中。然而，耶鲁大学却是美式足球的发源地，美式足球是由当时的球员及教练怀特在 19 世纪末 20 世纪初期从橄榄球和英式足球中借鉴来的。耶鲁大学的吉祥物是被称为"Handsome Dan"的牛头犬，作为一种凶猛的猎犬，它代表了学校的体育精神。通常在重大的体育比赛上 Handsome Dan 都会出现在赛场，尤其是在每年著名的"耶鲁—哈佛大球赛"上。耶鲁大学许多在体育比赛上演奏的歌曲都有"Bulldog,Bulldog,Bow Wow Wow！"的歌词。每一届 Handsome Dan 去世之后，学校都会将其制作成标本陈列在 Payne Whitney 体育馆和其他场所，然后在全国范围内甄选勇猛威武的牛头犬继任。现任的 Handsome Dan 于 2005 年 4 月 26 日

继任。

　　耶鲁大学还有一支铜管仪仗乐队，支持耶鲁的运动员。这支乐队在所有的主场美式足球赛和许多其他的比赛上表演。

　　耶鲁学院在 12 个住宿学院之间进行的业余体育联赛是学生生活中的一个重要部分，也是许多历史悠久的学院的竞争（一种友好的竞争关系）的重要部分。每年共分 3 个赛季，包括秋季、冬季和春季，每个赛季都包括超过 10 种项目，其中大约一半是男女混合参赛。体育比赛的项目除了正式项目外，还有保龄球、台球等项目。

台球

保龄球

　　威廉·亨廷顿·罗素是美国耶鲁大学 1833 届毕业生，他后来成为康涅狄格州立法机构成员和该州国民警卫队的一位将军。在德期间，罗素结识了德国一个名叫"骷髅会"的秘密会社的头目。这个会社是欧洲 18 世纪一个臭名昭著的先知组织的魔鬼式派生物，不过该会社的宗旨、会员精神以及严格的入会条件和组织方式，给罗素留下了深刻的印象。1832 年，罗素回到耶鲁大学，他决定创立一个比耶鲁大学其他会社或兄弟会更加仪式化、更加秘密、更加提倡共济会式团结互助宗旨的会社。随后罗素纠集了班上最有前途的同学阿方索·塔夫脱（阿方索·塔夫脱后来成为国防部部长、总检察官、驻澳大利亚公使、驻俄罗斯大使，其子威廉·塔夫脱后来成了第 27 任美国总统，他是 1887 届会员），正式创办美国版的"骷髅会"。经过 180 多年的自我繁衍，内阁、参众两议院、最高法院、中央情报局等部门都掌控着至高权力的"隐形帝国"。在"骷髅会"里，每个成员都有各自的外号，如"长魔"是给该会最高的会员，"玛各"则是给该会性经验最丰富的成员，老布什就享有玛各这个"美誉"；至于小布什，因为他入会时，其他成员都不晓得该叫他什么，索性就给他取个"暂时"。

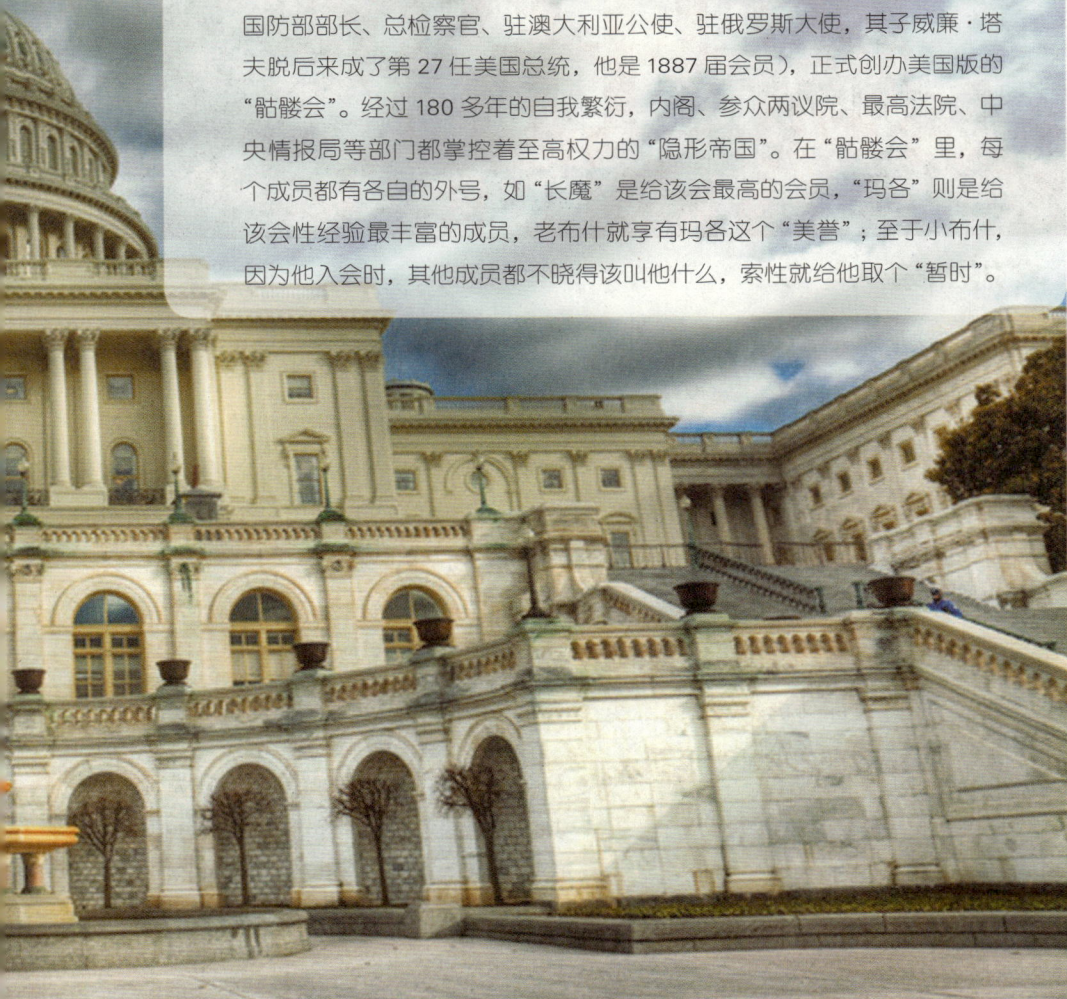

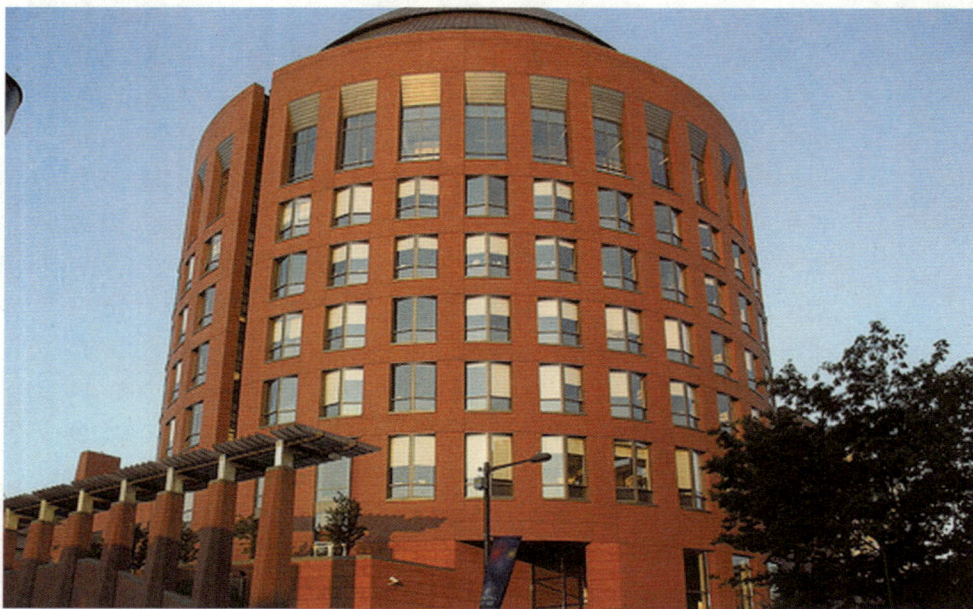

宾夕法尼亚大学 ＞

宾夕法尼亚大学（University of the State of Pennsylvania），位于宾夕法尼亚州的费城，是美国一所著名的私立研究型大学、8所常春藤盟校之一。学校创建于1740年，是美国第四古老的高等教育机构以及美国第一所现代意义上的大学。独立宣言的9位签字者和美国宪法的11位签字者都与该校有关。本杰明·富兰克林是学校的创建人。

• 学校简介

宾夕法尼亚大学自称为全美第一所现代意义上的综合性大学，同时也是许多教育创新的发源地——北美洲第一个医学院（1765年）、第一个大学商学院（沃顿商学院，1881年），以及第一个学生会组织（1896年）都诞生于宾大。1779年，宾大改名为宾州大学，成为美国第一所以"大学"（University）命名的高校；1791年，宾大正式更名为宾夕法尼亚大学。

宾夕法尼亚大学在艺术、人文、社会科学、建筑与工程教育上处于领先地位，其中最为知名的学科是商学、法学与医学。学校拥有约4500名教授，近10000名全日制本科生与10000多名研究生。

• 学生情况

宾夕法尼亚大学拥有大量不同种族与文化背景的学生。其中录取的新生里有 39.2% 为亚洲裔、西班牙裔、非洲裔或印第安人。在校学生中女生占 51.3%。2004 年有 2440 名国际学生提出本科入学申请，其中 489 名获得录取。在本科一年级新生中有 13% 是国际学生，在这些国际学生中，有 15.8% 来自非洲与中东，48.1% 来自亚洲，0.4% 来自大洋洲，11.7% 来自加拿大与墨西哥，10% 来自中南美洲与加勒比海地区，14.1% 来自欧洲。2004 年秋季入学的所有学生里共有 4192 名国际学生。

• 教学资源

学校拥有知名的考古与人类学博物馆，这个博物馆得益于学校著名的考古学系所作出的贡献。博物馆的藏品中有着大量古埃及与中东的文物，同时拥有相当数量的中国文物，其中包括一个来自中国某朝代的世界上最大的水晶球。此外，校园中的当代艺术研究所每年举办多场不同风格的艺术展览。

• 学校历史

创办之初，学校是一所慈善学院。本杰明·富兰克林作为学校的创建人，认为新的知识来自对现有资源最广泛的认识和最有创新的运用。这一思想指导着他的研究工作，同时也是他创办学校的指导方针。他认为要使当时的北美洲达到欧洲那样的工业、商业和军事实力，必须提倡和实施注重实际应用的新型教育，培养具有创新思维、对他人的创造反应敏捷、不脱离现实生活的人才。这一教育思想始终贯穿于宾夕法尼亚大学的发展历程。

1755 年，学校改名为费城学院和研究院。1765 年学校的

本杰明·富兰克林

宾夕法尼亚大学

第一届毕业生约翰·莫根创建了北美洲第一所医学院，使学校成为事实上的大学。但一直到 1779 年，宾夕法尼亚政府才通过立法对学校进行改组，将其正式命名为宾夕法尼亚州大学。1791 年，校名又被缩为宾夕法尼亚大学。1872 年，学校放弃了费城市中心的校园，在费城西部购买了大片土地，建设发展成为今天的校园。

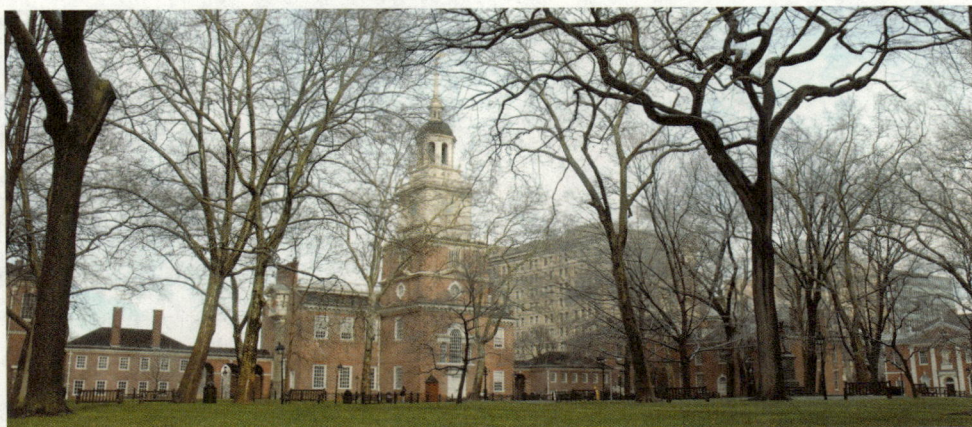

宾夕法尼亚大学兽医学院

• 校园环境

宾夕法尼亚大学的建筑由卡普和斯特沃森设计，两位建筑师融合了英国牛津大学与剑桥大学的建筑风格，在保留一些哥特式建筑古老元素的同时，创新并发展出了全新的校园哥特式建筑风格。学校中心校区面积约 1 平方千米，并向费城西部延伸，东北面与爵硕大学相邻，形成了拥有众多院系和研究所的校园。学校加强了对周边地区的规划，校园西边新开设了各具特色的餐厅、大型超级市场与电影院。与此同时，学校还将在校园以东 35 英亩的土地上建立新的建筑与设施，供教育与研究使用。

此外，学校在费城西南郊的栗山拥有92 英亩的植物园，该地区同时也是宾夕法尼亚州的官方植物园。在费城以西的肯尼特区附近还坐落着 687 英亩的大型动物保健中心，该中心隶属于宾夕法尼亚大学兽医学院。

• 杰出校友

沃伦·巴菲特：投资家、慈善家；

唐纳德·特朗普：地产商、企业家；

莱奥纳德·波萨克：思科系统公司创始人；

尤金·杜邦：杜邦公司第一任总裁；

彼得·林奇：投资家、基金经理；

克瓦米·恩克鲁玛：首任加纳总统、非洲独立运动领袖；

德鲁·吉尔平·福斯特：哈佛大学第一位女校长；

威廉·亨利·哈里森：美国第 9 任总统、军事家；

洪博培：前美国驻华大使、前犹他州州长；

路易·康：建筑师、建筑教育家

埃兹拉·庞德：文学家、诗人；

诺姆·乔姆斯基：语言学家、哲学家、思想家和政论家；

托马斯·亨德里克·伊尔韦斯：爱沙

47

沃顿商学院

• 沃顿商学院

美国宾夕法尼亚大学沃顿商学院位于费城，是世界首屈一指的商学院。沃顿商学院创立于1881年，是美国第一所大学商学院。学校的使命就是"通过总结传播商业知识和培养领导人才来促进世界的发展"。沃顿在商业实践的各个领域有着深远的影响，包括全球策略、金融、风险和保险、卫生保健、法律与道德、不动产和公共政策等。它的商业教育模式是在教学、研究、出版和服务中处处强调领导能力、企业家精神、创新能力。

学院不仅在培养未来的商界精英方面很用心，同时致力于为商界提供深入研究。并且它是世界上领先的商业知识创新机构。为实现这个目标就需要用精通于跨学科方法从事研究和紧密联系商界。沃顿18个研究中心就起到了这样的作用，这些研究中心包括：领导力和应变管理、创业管理、电子商务和商业改革等。这些研究中心让教授，学生以及工商界成员共同研究和分析商务问题。

尼亚共和国总统；

札希·哈瓦斯：知名埃及考古学家、现任埃及古迹最高委员会秘书长；

郎咸平：华人经济学家、香港中文大学教授；

梁思成：建筑学家、建筑史学家、教育家；

林徽因：中国现代著名建筑师、诗人；

林兰英：著名物理学家、中国半导体之母，是我国半导体科学事业开拓者之一，也曾被誉为"太空材料之母"；是宾夕法尼亚大学建校后第一位中国博士。

• 宾大图书馆

宾夕法尼亚大学的图书馆始建于 1750 年，最初的藏书来自制图师路易·艾文斯的捐赠。20 年后，当时的教务长威廉·史密斯远渡英国筹集资金以扩充藏书量。如今，学校已拥有大小图书馆 15 个，馆藏图书超过 570 万册，同时订阅 4 万种以上的期刊，拥有 400 多名管理员，以及 4.8 亿美元的预算。

校徽校训

宾大校徽是由富兰克林家族徽章和威廉姆宾家族徽章综合而成。红色最上方的海豚代表富兰克林家族，蓝色 "A" 形标志上的 3 个银盘代表着威廉姆宾家族。缎带上的拉丁文是校训：法无德不立。

宾夕法尼亚大学的图书馆

康奈尔大学 >

康奈尔大学（英文：Cornell University）是一所位于美国纽约州伊萨卡的私立研究型大学，另有两所分校位于纽约市和卡塔尔教育城，是著名的常春藤盟校成员。康奈尔大学由埃兹拉·康奈尔和安德鲁·迪克森·怀特于 1865 年所建立，为 8 所常春藤盟校中唯一一所在美国独立战争后创办的大学。康奈尔大学有 7 个本科生学院和 7 个研究生学院。

• 大学简介

它是常春藤盟校的新生力量，规模不容小视，3000英亩的广袤农场风景大有可观；它的博物馆蜚声世界，是华裔建筑大师贝聿铭的杰出代表作，它的校舍典雅夺目，被归结为维多利亚式建筑的经典；勇气号探测器承载了人类的梦想，也牵动着它的满腔热忱和执着探求；克隆技术在这里声名远扬；它的农业学院因此叱咤风云；它的酒店管理学院走在全美最前沿……吸引无数精英只身前往，耗资 3500 万美元的国家电脑中心令莘莘学子在学术殿堂里尽情遨游。

康奈尔大学

• 学校历史

康奈尔大学成立于 1865 年（获得州长签署的特许状）。其首任校长怀特曾留学法国和德国，后任当时最富改革精神的密歇根大学教授，1864 年当选为纽约州参议员并任参议教育委员会主席，恰逢康奈尔在同一参议院任农业委员会主席。康奈尔是一个依靠自己的勤劳和技术致富的企业家和农场主、西部联合电报公司股票的最大拥有者。当时莫里尔法案已通过，纽约州议会正在考虑建立一所适当的农工学院。于是怀特说服康奈尔捐资（共50 万美元及校园田地），连共政府赠地和资金建立了这所新型大学。康奈尔大学从一开始就兼具公立和私立双重性质，具有"公私合营"的特点，在它的 13 所学院中，私人捐助建立 9 所，州政府资助建立 4 所（农业与生物学院、人类环境学院和工业与劳工关系学院是公立学院），这在美国是独一无二的。

• 大学校训

康奈尔的校训起源于创始人埃兹拉·康奈尔写给首任校长的一封信，其中有一句话是："I would found an institution where any person can find instruction in any study"。即"我要建立一所大学以使得所有的人可以学到任何他所想学的学科。"从此这句话就成了康乃尔大学的校训。康乃尔的校训有点像孔子的"有教无类，因材施教"。从教育理念上讲，它体现了任何人都有权利受到教育的平等精神；从教学方法上讲，它体现了根据学生特点和兴趣进行引导的工作态度；这就是康奈尔大学校训的精髓和康奈尔的立校之本。

康乃尔大学图书馆

校园环境

康奈尔大学在纽约市附近的小镇伊萨卡，那里景色优美，气势开阔。康奈尔的校园位于山顶，在图书馆凭窗远眺，只见苍苍茫茫，一派辽阔气象。校园面积有3000多英亩，与美国东北部典型的较为拥挤的大学相比，呈现出一派宏大气度。

康奈尔大学的校色是大红，鲜艳热烈，热情奔放。当年老康奈尔创立这所大学的目的，就是"让任何人都能在这里学到想学的科目"。似乎，任何人的青春都能在康奈尔这里燃烧。

康奈尔大学图书馆

康奈尔大学图书馆共有20个单位，是美国最大的学术研究图书馆之一，今藏书达700万册以上、缩微胶卷有700万卷、电子化档案5000个以及7.6万个语音记录（另加数码资源及大学数据库的语音记录），是美国众大学中第一所容许本科生借书的图书馆。尤里斯图书馆后面的钟楼每天都由学生表演敲钟音乐，每日太阳下山时演奏校歌及其他乐曲，参观者可以在钟楼中欣赏他们演奏。

52

• 著名校友

　　康奈尔大学的著名校友不少。到 1983 年为止，该校毕业生中先后有 18 人获得诺贝尔奖，其中文学奖得主 1 位、和平奖得主 1 位、物理学奖得主 6 位、化学奖得主 5 位、医学和生物学奖得主 5 位。1931 年毕业于康奈尔大学的威尔斯·比德尔（博士学位）是著名的遗传学家，获诺贝尔奖，还曾任芝加哥大学校长。

　　康奈尔大学也为世界各国培养了不少有影响的人物，比如我国的胡适、茅以升、赵元任、任鸿隽、杨杏佛、戴芳澜、唐钺、邹秉文、张心一、金善宝、丘勤宝、曾威、唐振绪、赵祖康、谈镐生、李登辉等名人都曾就读于康奈尔大学。此外，梁思成、林徽因、冰心、徐志摩等人也曾在此学习和生活过。

茅以升

胡适

哥伦比亚大学 ＞

　　哥伦比亚大学（Columbia University）位于美国纽约市曼哈顿，于1754年根据英国国王乔治二世颁布的《国王宪章》而成立，属于私立的常春藤盟校，由3个本科生院和13个研究生院构成。哥伦比亚大学的校友和教授中一共有87人获得过诺贝尔奖，包括奥巴马总统在内的3位美国总统是该校的毕业生。此外，学校的医学、法学、商学和新闻学院都名列前茅，其新闻学院颁发的普利策奖是美国新闻界的最高荣誉。

• 学校简介

　　哥伦比亚大学，全称纽约市哥伦比亚大学，简称哥大，是一所位于美国纽约市的私立研究型大学，常春藤盟校之一。哥伦比亚大学是纽约州历史最悠久的大学，也是美国第五古老的大学。

　　哥伦比亚大学是世界最具声望的高等学府。它位于美国纽约市曼哈顿的晨边高地，濒临哈德逊河，在中央公园北面。它于1754年根据英国国王乔治二世颁布的《国王宪章》而成立，被命名为国王学院，是美洲大陆最古老的学院之一，同属皇家宪章的还有达特茅斯学院和威廉玛丽学院。1784年曾改名为"哥伦比亚学院"，美国独立战争后为纪念发现美洲大陆的哥伦布而更名为哥伦比亚学院，1896年成为哥伦比亚大学。同年，哥伦比亚大学从麦迪逊大道迁往了曼哈顿附近的晨边高地，使学校拥有了6个街区约32英亩的土地。哥伦比亚大学由20个学院和众多下属研究机构组成，其中知名的学院包括商学院、新闻界名人约瑟夫·普利策1912年创办的新闻学院、教育学院以及工程与应用科学学院等。

哥伦比亚大学

常春藤盟校

哥伦比亚大学属于私立的常春藤盟校，由3个本科生院和13个研究生院构成。现有教授3000多人、学生2万余人，校友25万人遍布世界150多个国家。学校每年经费预算约为20亿美元，图书馆藏书870万册。哥伦比亚学院是美国最早进行通才教育的本科生院，至今仍保持着美国大学中最严格的核心课程，它的研究生院更是以卓越的学术成就而闻名。整个20世纪上半叶，哥伦比亚大学和哈佛大学及芝加哥大学一起被公认为美国高等教育的三强。此外，学校的教育学、医学、法学、商学和新闻学都名列前茅。其新闻学院颁发的普利策奖是美国文学和新闻界的最高荣誉。其教育学院是全世界最大、课程设置最全面的教育学院之一。

• 哥大校训

哥大的校训为"In thy light shall we see light." 可汉译为"借汝之光,得见光明"或"在上帝的神灵中我们寻求知识"，典出《旧约·诗篇》："Quoniam apud te fons vitae in lumine tuo videbimus lumen"（拉丁文）。英译为："For with thee is the fountain of life; and in thy light we shall see light"。中文为："因你就是那生命之源；借着你的光，我们得见光明"。校训具有浓烈的宗教气息，但它并不妨碍人们追求真理、寻找光明的决心和勇气。事实上，哥大在课程设置上特别设立了国际化、全品质、道德和人力资源管理四大主题，所以有"21世纪课程"的美誉。

55

哥伦比亚大学图书馆

• 图书馆

哥伦比亚大学图书馆系统以巴特勒图书馆为首，共设有 23 座分馆，每个分馆都各具特色。其中东亚图书馆中有各样的中文书籍，流行小说、古典文学，甚至县志都可以找到。总藏书量达 870 万册，并且收集有微缩胶片 600 万套、2600 万种手稿以及 60 万册善本书、10 万片 VCD 和 DVD、20 万份官方文件，还有中国族谱、家谱、谱碟约 950 种，是中国的图书馆以外收集最丰富的图书馆。

• 大学特色

哥伦比亚的特色之一在于它地处纽约，与华尔街、联合国总部和百老汇比邻。在这个全国的文化、金融、外交中心，你可以在读书的过程中找到适合自己发展的机会。

特色之二在于它所处的社区。晨边高地地处黑人哈林与西裔哈林区交界处，乃是 20 世纪中期"垮掉的一代"文艺运动的发源地，周围有诸多充满纽约味的知名爵士乐酒吧、表演中心、咖啡厅等夜生活去处。在校内，大草坪、小餐馆、方便的购物商场、运动中心等地是学生课余小歇之处。各个学生社团也会组织各类休闲社交活动，如商学院组织的春季舞会等。

特色之三在于它的全球网络。这一点的部分原因在于它庞大的遍布世界各地的校友。学校靠校友会的捐赠成立了国际商务研究所，以实现其课程的国际化。

• 巴纳德学院

巴纳德学院（女生本科学院）以原哥伦比亚学院院长费雷德里克·巴纳德的名字命名。1889 年 10 月，巴纳德在一间位于麦迪逊大街的租来的房子中成立，那时只有文学院，包括 6 位教职人员和 14 名学生。9 年以后，学校搬到了晨边高地。1900 年，它被并入哥伦比亚大学的教育系统中，成为哥伦比亚大学独一无二的女子本科学院。属于哥伦比亚大学本科教育的一部分，出于历史原因，学院保留独立的理事会、教职员工，并运作其自身的捐助和设施，同时，它又是哥伦比亚大学本科系的一部分，共享教学、图书馆等资源；学士学位由哥伦比亚大学授予。

巴纳德学院

• 教育学院

哥伦比亚大学教育学院（或译作师范学院）（Teachers College）是世界顶尖的教育研究生院，教育大师、美国哲学之父杜威曾执教于此。学院作为哥伦比亚大学教育研究生院，为哥伦比亚大学科系的一部分，但由于历史原因保留相对独立的财政制度。哥伦比亚大学教育学院图书馆是全球最大的教育类学术图书馆。哥伦比亚大学教育学院还是教育学博士培养制度、行为心理学派、实

著名慈善家格雷斯·H·道奇

认为，"成功的教学除倚赖专业教师在教材教法与专业知识的精通外，还需要专业教师了解学生在何种情况下能进行最为有效的学习"。正是基于此种教育理念，学院在1890年初便推出了融合心理学、社会学的教育课程项目，成为全美第一所将教育活动推及社会关怀的学校。随后学院又开设了教育史学、比较教育学、教育管理学、教育经济学、教育政策学、临床与咨询心理学、发展心理学、认知心理学、课程研究等多个专业课程项目，至1904年杜威加盟学院时，学院已在美国教育研究与教师培养领域颇具声望。

证主义哲学的诞生地，著名的生日快乐歌和黄校车也发源于此。此外，学院保留了百年以来的周五无课制度。

哥伦比亚大学师院的创建与发展历史，在某种程度上代表了美国教师教育的发展史。师院创立于1887年，由著名慈善家格雷斯·H·道奇和哲学家尼古拉斯·M·巴特勒共同筹划创立，旨在为当时纽约市贫困学生的教师提供新型的培养方式，学校初名为纽约教师培训学校。至1892年，学院正式改名为师范学院并沿用至今，并于1898年并入哥伦比亚大学，成为其下的4所附属学院之一。

学院在成立之初，创校者便提出了与近代教育思潮迥然不同的观点。在整合人道主义理念与科学方法的基础上，创校者

教育家杜威

西奥多·罗斯福总统

● 著名校友

哥伦比亚大学被誉为培养政治、经济领袖人物的摇篮。迄今为止，哥伦比亚大学法学院已培养出了2位美国最高法院大法官——哈兰·菲斯克·斯通和查尔斯·伊万斯·修斯和3位美国总统——美国第26届总统西奥多·罗斯福、第32届总统富兰克林·D·罗斯福和第44届总统贝拉克·侯赛因·奥巴马；另外，美国第34届总统德怀特·艾森豪威尔是哥伦比亚大学第13任校长。有14位纽约市市长、10位纽约州州长是哥伦比亚大学的毕业生。

罗伯特·蒙代尔："欧元之父"、哥伦比亚大学经济学教授、诺贝尔经济学奖获得者。

伊萨克·阿西莫夫：美国生物化学家、作家、一位撰写科幻小说和科普读物极有成就的多产作家。

詹姆斯·卡格耐：美国著名演员、

1974年获美国电影学会"终身成就奖"。

大卫·斯特恩：美国NBA联盟总裁。

约瑟夫·高登-莱维特：美国著名演员，在《盗梦空间》的出演使他在国际电影网站imdb上的搜索率第一；

洛·格里格：著名美国棒球运动员，因1925—1939年间连续参加2130场比赛而创棒球界空前纪录；

奥斯卡·哈默斯坦：美国抒情诗人和音乐喜剧作家、在音乐喜剧的发展中具有影响的剧院演出人，中国观众熟悉并喜爱的音乐喜剧《音乐之声》就是他的作品之一；

托马斯·默顿：美国天主教修士、诗人、多产的著作家。

李政道：美籍华裔物理学家、诺贝尔物理学奖获得者。

在哥伦比亚大学的校友中还有中国的名人顾维钧、蒋廷黻、马寅初、宋子文、冯友兰、胡适等。

大卫·斯特恩

普林斯顿大学 〉

普林斯顿大学（英语：Princeton University），又译普林斯敦大学，位于美国新泽西州的普林斯顿，是美国一所著名的私立研究型大学，8所常春藤盟校之一。学校于1746年在新泽西州伊丽莎白镇创立，是美国殖民时期第4所成立的高等教育学院，当时名为"新泽西学院"，1747年迁至新泽西州，1756年迁至普林斯顿，并于1896年正式改名为普林斯顿大学。

普林斯顿大学

• 学校简介

普林斯顿地处纽约和费城之间，是一座别具特色的乡村都市，小城位于新泽西州西南的特拉华平原，面积约为7平方千米，东濒卡内基湖，西临特拉华河。普林斯顿的景色幽雅，四周绿树成阴、绿草丛丛，清澈的河水环绕着小城静静流淌；普林斯顿人口约为3万，大多数市民生活富裕；小城交通方便，距离纽约和费城只需大约1小时车程；加上小城恬静而又安详的生活、浓浓的文化氛围笼罩下的贵族气息，使普林斯顿成为美国上层人士青睐的居住地。普林斯顿大学是全美第五历史悠

久的高等学府。

美国独立战争在这里赢得第一次胜利，它记录了博弈论大师纳什波澜壮阔的人生经历，爬满常春藤的哥特式校园永不停歇地讲述着美丽心灵的故事。它是美国政治家的摇篮，从这里走出了2位总统和44位美国州长；这里曾经盛开文学界姹紫嫣红的繁荣景象，当代最著名的大诗人艾略特在此冥想玄思；它是驱动人类前进的原动力，33位诺贝尔奖得主以及众多华人学术精英，在这里为人类文明注入了重量级的资本。普林斯顿的学生都必须遵照被称为"荣誉规章"的学术诚信的政策，这份保证表示签署的学生已经理解这条政策的"双向责任"：自己绝对遵守，也向校方报告任何其他学生违反这条政策的现象。因为"荣誉规章"的存在，普林斯顿的考试没有校职工监考。

当代最著名的大诗人艾略特

普林斯顿大学

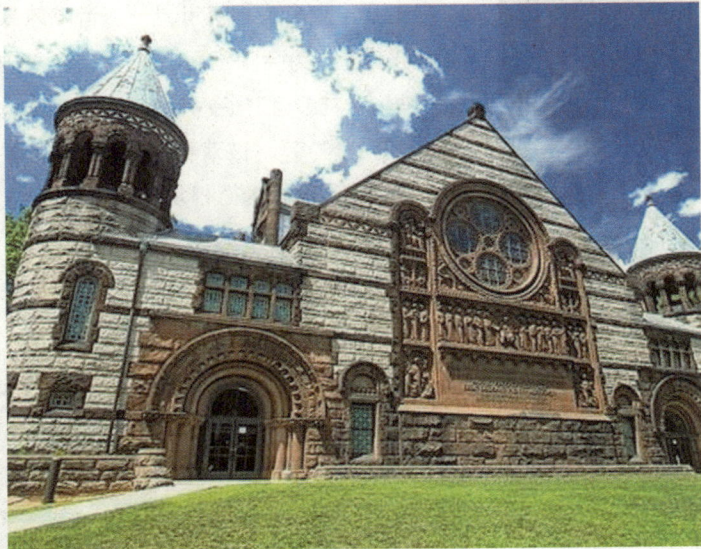

普林斯顿的校址占地2.4平方千米，风景优美。校内的哥特式建筑，大多数都是19世纪末20世纪初修建的。

普林斯顿大学的校训为"她因上帝的力量而繁荣"（Dei Sub Numine Viget）。毕业校友中有州长，有好莱坞明星和两位美国总统。

61

亚历山大会堂

• 校园观景

　　亚历山大会堂拥有世界一流音响效果的音乐厅（图为会堂正面的拉丁墙）。校内还有很多雕塑，包括亨利摩尔（例如他的"椭圆上的斑点"，被戏称为"尼克松的鼻子"）、克莱门特·米德穆尔和亚历山大·考尔德的作品。

• 美术博物馆

普林斯顿大学的美术博物馆被建立的目的是给予学生直接、亲密以及长期的对世界级美术作品的接触和熏陶，也可以对学校美术系的教学和研究做到补充的效果；这也是美术博物馆长期以来的首要功能。美术博物馆有大约 6 万件藏品，从古代到现代的艺术品都有被收集，主要集中于地中海、西欧、中国、美国和拉丁美洲的作品。博物馆有专门的古希腊、古罗马的文化遗产收藏，包括陶器、大理石、青铜、以及罗马的镶嵌工艺收藏。这些文物来自普林斯顿大学在安提阿（古叙利亚首都，现土耳其南部城市）的考古挖掘工作。博物馆还收藏了一些中世纪欧洲的雕塑、金属制品和彩色玻璃。西欧的油画收藏包括了从早期文艺复兴一直到 19 世纪，20 世纪以及现代美术作品的收藏还在扩展之中。

中国美术作品是博物馆的重要收藏之一，包括重要的青铜、坟墓雕像、绘画作品、以及书法。博物馆还有前哥伦布时期美术，包括来自于玛雅文明的美术作品。美术博物馆收藏了很多大师印记和绘画作品，还有一个广泛的独创摄影作品收藏。

西欧的油画

普林斯顿大学美术博物馆

• 学校图书馆

　　普林斯顿校图书馆目前有 1100 万藏书。主要的馆址燧石图书馆拥有超过 600 万册藏书。在燧石图书馆之外，许多独立的学科（包括建筑学、美术历史、东亚研究、工程、地质学、国际关系和公共政策，以及近东研究）也都有自己的图书馆。传统上，每个有历史的学科都在图书馆有自己单独的研究室，可供本系学生各自参考专业书籍和研究资料。

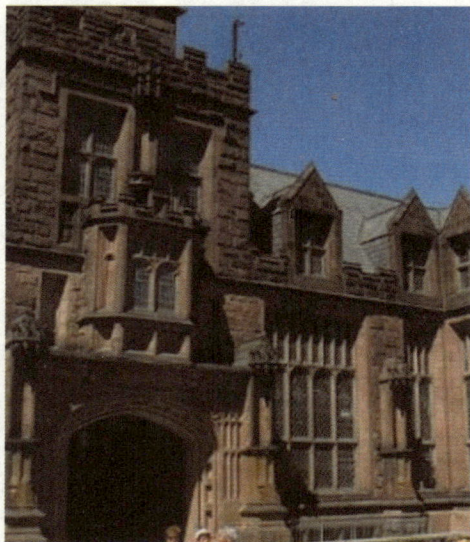

西州州长。

　　盖瑞·贝克：1951 届，诺贝尔奖得主（经济 1992 年）。

　　艾伦·图灵博士：1938 届，计算器科学家、密码学家。

　　皮特·康拉德：1953 届，宇航员，第三个踏上月球的人。

　　约翰·纳什：1994 年获得诺贝尔奖经济学奖。

约翰·F·肯尼迪

• 杰出校友

　　约翰·F·肯尼迪：1939 届（第一学期之后因为健康原因退学），第 35 任美国总统。

　　詹姆斯·麦迪逊：1771 年届，第 4 任美国总统。

　　伍德罗·威尔逊：1879 届，第 28 任美国总统，曾任普林斯顿大学校长及新泽

詹姆斯·麦迪逊

布朗大学 ＞

美国布朗大学（Brown University）是世界闻名的美国常春藤联盟中的一员，1764年刚创建之初叫罗得岛学院，其入学竞争极为激烈，本科生入学率为9.5%。布朗大学的学术强项有历史、地质、宗教、比较文学、古典文学、现代语言及英文写作，科学科目里比较热的领域包括工程和医学预科。

• 校园概况

1764年刚创建之初，它并不叫布朗大学，而是叫罗得岛学院。那时，它的校址建在罗得岛的沃伦市，并在1765年正式招收第一批男生入学。1770年，罗得岛学院搬迁到罗得岛州府——普罗维登斯市。由于罗得岛学院地处一座小山上，所以，那里的地方又被称作"学院山"，并沿袭到今。1804年，一个名叫尼古拉斯·布朗的人捐给罗得岛学院5000美元，以便在该学院设立一个教授席位；同年，为了纪念尼古拉斯·布朗对学院的慷慨捐赠，罗得岛学院正式改名为布朗大学。

布朗大学

65

普罗维登斯市

普罗维登斯市是一个中等城市，居住人口 16 万左右。它是新英格兰地区第二大城市中心，也是罗得岛工农业和航运业各个发展阶段的枢纽。长期以来，普罗维登斯市以历史悠久而闻名于美国。1636 年，居住在马萨诸塞湾殖民地的罗杰·威廉斯及他的追随者来到罗得岛，并在那片蛮荒之地建立了普罗维登斯镇。普罗维登斯是英文 Providence 的音译，其原意是"上帝保佑之特例"。罗杰·威廉斯取此名，旨在乞求上帝保佑，让他在此建立的小镇免受暴政的侵扰，使之成为各种宗教信仰共存、政教权力严格分离的开放社会。基于这一传统，罗得岛的普罗维登斯一直是美国追求宗教容忍、反对暴政统治的精神象征。除了这种崇尚自由和容忍的传统精神之外，普罗维登斯还在物质文明方面留下了许多宝贵遗产。由于普罗维登斯建立早，开发早，且居住着来自不同国家的欧洲移民，它的建筑颇具特色，反映了欧洲不同国家、不同时期的建筑风格。20 世纪下半叶，美国许多地方在城市复兴运动中大兴土木，拆毁了不少老建筑，但一向珍视自己悠久历史的普罗维登斯人非但没有介入到城市复兴者们的拆毁活动中去，反而掀起了一场古迹建筑保护运动，从而使得普罗维登斯的建筑遗产得以比较完整地保留下来。

布朗大学就坐落在这样一座历史悠久、文化内涵深厚的城市里，吸吮着这座城市丰富的文化乳汁，同时又以自己的独特方式为这座城市增添光彩。以布朗大学的建筑为例，它那占地 142 英

布朗大学

1838年竣工的罗宾逊楼

亩的校园里就矗立着许多体现古典建筑风格的楼房。譬如，建于1771年的"大学楼"，是全美仅存的建于独立战争前的7幢大学教学楼之一，典型地反映了英国乔治国王时代的建筑艺术。1776至1780年期间，该大学楼曾用作美国和法国士兵的兵营及医院。迄今为止，这座楼已被修建过5次，并在1963年被定为具有历史意义的美国标志性建筑物。再譬如，布朗大学的第二幢大楼——希望学院楼建于1822年，其风格糅合了英国人的皇家建筑式样和美国人的共和主义思想。这是尼古拉斯·布朗的姐姐赠送给布朗大学的一座房子，用作学生的宿舍。经1959年彻底修建后，希望学院楼目前仍然作学生宿舍之用。此外，布朗大学还有许多建造于19世纪的著名楼房，如1828年造的麦道克校友中心、1838年竣工的罗宾逊楼和1891年建成的威尔逊楼等。这些楼堂建筑古朴典雅，威严庄重，向人们无声地叙述着布朗大学的悠久历史，同时又以凝重的神态向人们展示布朗大学这一高等学府的神圣气势。如同殖民地时期建立的大多数大学一样，布朗大学建立之初也蒙上了一层较浓的宗教色彩，以训练和培养神职人员的主要任务，兼管培养人文、语言和逻辑学科方面的人才。但由于布朗大学地处宗教思想比较开朗的地方，且那里的人传统上主张政教分离，所以，布朗大学相对而言没有完全受教会控制，而是较早地给世俗力量以相当大的发言权。因此，布朗大学先于其他许多大学开设了自然科学方面的课程。

正是由于布朗大学较早摆脱了教会的束缚，所以它得以在建校不久就确立自己世俗性的办学宗旨。概括地讲，布朗大学的办学宗旨包括两条原则：一是发现和利用知识，二是借助教育手段把学生引进知识世界。具体而言，布朗大学的办学指导思想是"知识的发现和传授与教育过程有着必然的内在联系，两者相辅相成，互为一体"。

• 图书馆

布朗大学的图书资料相当丰富，是美国新英格兰地区最大的大学图书馆之一，在全美 109 所服务于学术研究的大型图书馆中排名第 48 位。整个大学图书系统共有 6 个图书馆，它们是小约翰·洛克菲勒图书馆、科学图书馆、约翰·伊海图书馆、奥威葛音乐图书馆、艺术幻灯片图书馆和人口研究图书馆。小约翰·洛克菲勒图书馆主要收藏社会科学方面的书籍、杂志和政府文件，它同时设有报刊杂志室、阅览室。科学图书馆集中了物理、生物和医学等方面的书籍，并藏有大量的地图。约翰·伊海图书馆专门收藏善本、手稿和其他比较专门的档案材料，如美国作家和诗人的手稿等。音乐图书馆、艺术幻灯片图书馆和人口研究图书馆，如同它们的名称所显示的，专门收藏音乐书刊、磁带、唱片、艺术幻灯片和人口流动、人口统计等方面的资料。除了这 6 个图书馆之外，布朗大学还有一个不归其管辖、但坐落在其校园内的图书馆，名叫约翰·卡特布朗图书馆，这座图书馆藏有 4 万多册书，其中大部分书涉及欧洲国家在美洲新大陆的扩张及这种扩张对欧洲产生的影响。这座图书馆对研究美洲历史的学者极为有用。

图书资料

布朗大学图书馆

• 大学校训

布朗大学的校训是"我们信仰上帝"，意思就是像信奉上帝般信奉真理。这句校训来自一句格言，格言首先出现于南北战争期间。随着基督教影响的扩大，这一格言首次出现在了美国于 1864 年发行的两美分硬币上。1956 年，一项国会法案获得通过，"我们信仰上帝"正式成为了美国的官方格言。在《美国法典》第 36 编 302 条中写道："'我们信仰上帝'为国家格言"。"我们信仰上帝"的一种可能的出处是美国国歌《星条旗》的最后一节。《星条旗》由弗朗西斯·斯科特·基创作于 1814 年，这首歌包含了该短语的早期版本："这就是我们的格言：'上帝是我们的信仰'"。另一个可能的来源是亚伯拉罕·林肯（Abraham Lincoln）的私人秘书约翰·伊海。作为布朗大学的毕业生，其校训"In Deo Speramus"，正是拉丁文的"我们信仰上帝"。布朗大学的这个校训始终引领着布朗大学的发展，随着历史的发展它已经渗透在布朗大学的各个方面。

• 最大特色

布朗大学不论是在学术方面还是在非学术方面，都特别强调和崇尚自由。其本科生课程也因此备受美国高等教育界人士的推崇。在这里，学生都被当作成人平等对待，他们可以自主选择自己感兴趣的专业和课程。

小约翰·肯尼迪

• 著名校友

布朗大学好像与总统的儿女特别有缘：肯尼迪总统的儿子小约翰·肯尼迪、卡特总统的女儿艾美·卡特、哥伦比亚现任总统桑托斯的女儿玛丽娅·安东妮娅·桑托斯都在这里度过了他们的大学时光，就连克林顿总统唯一的女儿切尔西，也一度被媒体盛传要去布朗大学读书（切尔西在左挑右选之后，终于去了有"西部常春藤"之称的斯坦福大学）。这反映了布朗的知名度，也说明它在学术界的地位与其他常春藤大学不相上下。

切尔西

69

达特茅斯学院 ＞

　　成立于1769年的达特茅斯学院（Dartmouth College）是美国第九所历史悠久的学院，也是闻名遐迩的常春藤学院之一，坐落于新罕布什尔州的汉诺威小镇。伊利·扎维洛克牧师当初成立这个学校是为了培养当地印第安部落的年轻人和年轻白人。该学院在最初的200年中只收男生，直到1972年才改为男女合校，是常春藤学院中最晚接纳女生的一个。尽管如此，该学院却是男孩教育最成功的学院之一，在如今男孩危机泛滥的美国，该学院仍有2/3的学生是男生。

达特茅斯学院

达特茅斯学院是常春藤盟校中唯一叫"学院"而不叫"大学"的，说起这个名称，还有一段鲜为人知的官司——达特茅斯学院诉伍德沃德案：1819年新罕布什尔州的行政官员设立了对学院单独管理的机构，并且要把它的校名改为达特茅斯大学，以便废除1769年英皇的批文。但学院的董事在弗兰西斯·布朗院长的领导下，坚持原来宪章的有效性，排除了州政府的行政干扰，维护了大学自治的传统。

• **不称"大学"偏要叫"学院"**

　　坐落于新罕布什尔州汉诺威小镇的达特茅斯学院。它是经英王乔治三世批准，由伊利·扎维洛克牧师创建并担任院长，资金来自达特茅斯伯爵二世的捐赠。

70

因此，时至今日，学校仍然叫达特茅斯学院。在美国最高法院辩论此案时，学院校友、1801 级研究生丹尼尔·韦伯斯特讲过："虽然它仅仅是一所不大的学院，但是这里的人们都热爱它。"

达特茅斯学院在全美明星级大学排行榜上排第八名，如果以"学生满意程度"来看，它排在全美第三名，仅次于哈佛大学和普林斯顿大学。

• 图书馆

达特茅斯学院图书馆可为学校师生提供超过 3.5 万份电子资源（例如索引、数据库和期刊）、20 万种印刷和电子期刊、270 万册图书、1.2 万种视频资料、19 万册地图资料、3.5 万份音频资料、45 万张图片资料。图书馆的工作人员在征求学校师生意见和建议的基础之上购置各种资料，师生可以通过网络直接向图书馆提出要求或建议，图书馆会根据这些要求和建议购置相应的资料。达特茅斯学院图书馆有一个收集计划，就是致力于为学校师生的研究、学习提供所有形式的资料支持。

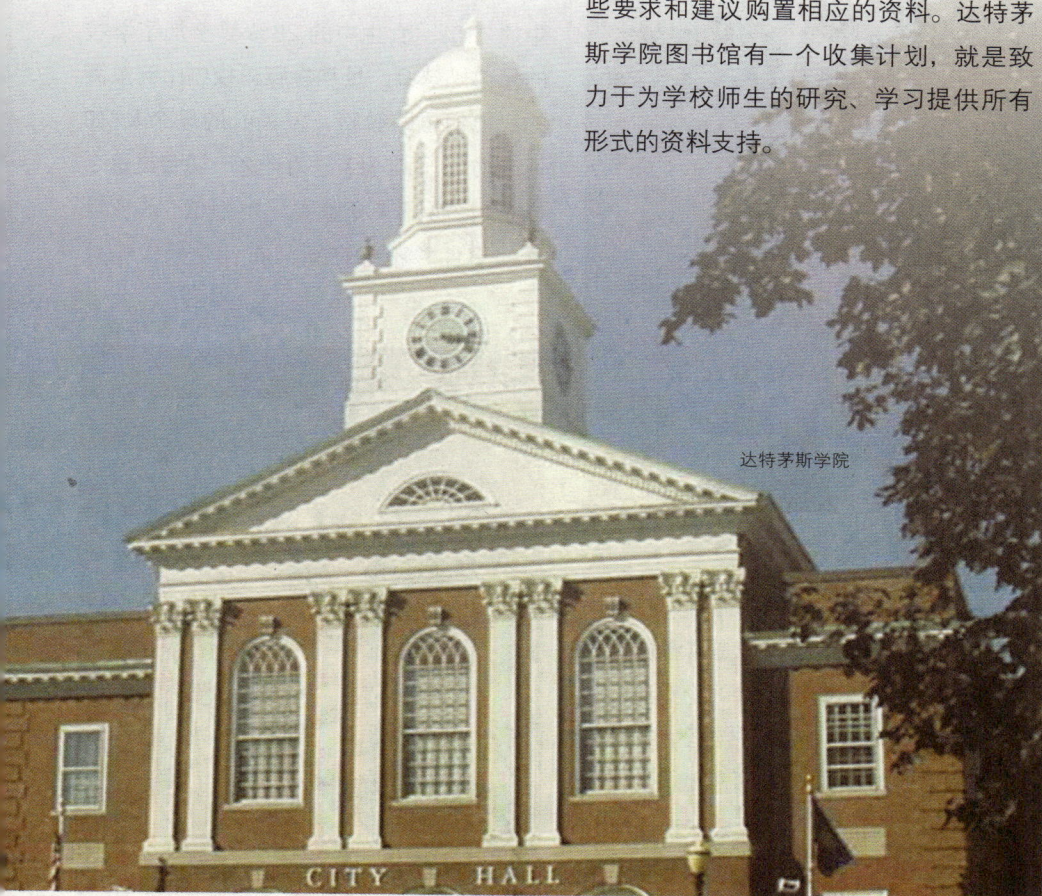

达特茅斯学院

71

• 著名校友

这个学院的著名毕业生有美国政治家，曾三次担任美国国务卿的丹尼尔·韦伯斯特、著名少儿读物丛书《苏斯博士》的作者戈尔·苏斯、美国前副总统纳尔逊·洛克菲勒及几任联邦部长，包括保尔森和盖特纳在内的几任美国财政部长、美国通用电气首席执行官、高盛集团前首席执行官。

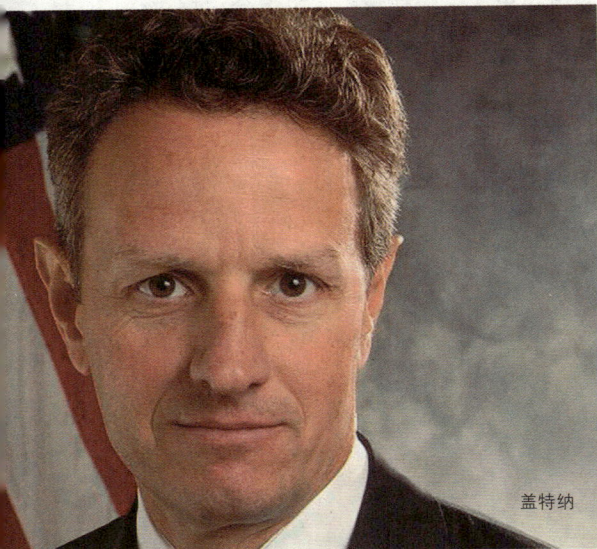

盖特纳

• 学院氛围

坐落在美国东北部新罕布什尔州汉诺威镇的达特茅斯学院，与同是常春藤盟校的哥伦比亚大学恰恰相反：哥伦比亚大学处在全世界最繁华的大都市纽约闹市区，而达特茅斯学院坐落在偏僻却景色秀丽的北方小镇。地域上的不同决定了两所学校所吸引的学生性格上的明显区别。位于世界文化之都，满街都是博物馆、剧院、音乐厅、画廊与书店的哥伦比亚大学，以热爱知识的浓厚气氛著称；而在达特茅斯学院学生中间，则向来存在一股"反智力"的趋势。典型的哥大学生是文弱而睿智、满怀激情地为世界上的穷人弱者而奔走疾呼的知识分子，但达特茅斯典型的学生是些虽然聪明但不热衷思考，不十分关心抽象概念和"主义"，容易融入主流的体育健将们。

他们性格奔放开朗，爱玩爱闹，男生中的41%、女生中的28%都参加了学校的兄弟姊妹会，是常春藤盟校中比例最高的。他们思路敏捷，但关心的是个人"如何成功"，而非世界"为什么一切会是这个样子"。他们很冷静实际地相信"改变世界的事件并不会在新罕布什尔的汉诺威发生"。

保尔森

酒吧

• 学校活动

在与世隔绝、"一年有 6 个月是冬天"的汉诺威长住难免会无聊，达特茅斯的学生们得自己想法子寻欢作乐。在常春藤盟校中，达特茅斯的学生最热衷于社交，喝酒似乎是他们最喜欢的"课外活动"之一，在兄弟会组织的各种活动中，啤酒是必不可少、最受欢迎的饮料。达特茅斯学院的学生们创造了各式各样的游戏来比谁喝酒更多，啤破古摇这类的游戏就是他们的首创；附近的酒吧也是他们经常光顾的地方。

尽管校方有禁止不够年龄的学生喝酒的规定，但往往有名无实，执行难度极大。学生们振振有词地辩护道："达特茅斯这么冷，所以我们喝酒比其他学校要多。"达特茅斯学院的学子也以喜爱体育和室外活动而著称。达特茅斯的校园保留了老新英格兰地区粗犷的特点，而达特茅斯的学生，尤其是男生，也似乎有意识地显出一种"-20℃也不用扣补衫扣子"的气概。

● 英国G5学校

　　G5学校是英国顶尖大学的标志，由英国最好的5所大学组成。它们包括：剑桥大学、牛津大学、帝国理工学院、伦敦大学学院、伦敦政治经济学院。

剑桥大学

剑桥大学 ❯

　　剑桥大学（University of Cambridge）是全世界最顶尖的大学之一，位于英格兰的剑桥镇，英国许多著名的科学家、文学家、政治家都来自于这所大学。剑桥大学也是诞生最多诺贝尔奖得主的高等学府，89名诺贝尔奖获得者（90人次，其中弗雷德里克·桑格获得两次）曾经在此执教或学习。剑桥大学还是英国的名校联盟"罗素大学集团"和欧洲的大学联盟科英布拉集团的成员之一，在世界各报刊以及研究机构的排行榜中，剑桥大学经常位居世界第一。

• 学校简介

　　剑桥大学成立于1209年，最早是由一批为躲避殴斗而从牛津大学逃离出来的老师建立的，亨利三世国王在1231年授予剑桥教学垄断权。

　　剑桥大学所处的剑桥是一个拥有10万居民的英格兰小镇，距英国首都伦敦不到100千米，这个小镇有一条河流穿过，被命名为"剑河"（River Cam，也译作"康河"），早在公元前43年，罗马士兵就驻扎在剑河边，后来还在剑河上建起了一座大桥，这样，河名和桥加在一起，就构成了剑桥这一地名。绝大多数的学院、研究所、图书馆和实验室都在这个镇上，此外还有20多所教堂。

　　剑桥大学本身没有一个指定的校园，

没有围墙，也没有校牌。绝大多数的学院、研究所、图书馆和实验室都建在剑桥镇的剑河两岸，以及镇内的不同地点。剑桥大学的许多地方仍保留着中世纪以来的风貌，古色古香，别具一格。剑桥大学有35个学院，包括3个女子学院、2个专门的研究生院。剑桥大学最大的特色是学院制，剑桥大学中央不过担当一个像联邦政府的角色，掌管一些宏观的事情。35所风格各异的学院背景不同，每个学院在经济上自负盈亏，因此各个学院在行政、财务、招生、教学方面，都有很大的自主权。各学院内部录取步骤各异，每个学院在某种程度上就像一座微型大学，有自己的校规校纪。在毕业典礼上，最能看到剑桥大学是如何重视学院的。每个学生都要由学院院长牵手引到校长面前跪下，接受祝福，象征他是由学院教导成材。历年来有73位教职员曾获诺贝尔奖（包括28个物理奖、18个医学奖、17个化学奖）。

剑桥大学的学生参与多种业余活动，其中划船是最流行的体育运动，剑桥大学各学院间经常比赛，而且剑桥大学每年都会与牛津大学举行划船比赛。各学院间还举行其他体育比赛，包括橄榄球、板球、国际象棋等。

剑桥大学

· 图书馆

在剑桥大学，图书馆与教室相比，图书馆更像是重要的课堂。学生们不一定每天都有课，有课也不过三四个小时，算下来，用在图书馆查阅资料、借书还书、复印打字的时间却占了一天中的大部分时间。学会用图书馆是一门大学问。剑桥大学的图书馆系统纷繁复杂，每个系或研究所都有自己专门的图书馆，31座学院也都各自建有或大或小的图书馆。不过最有名望的还属藏书丰富的剑桥大学图书馆，该图书馆是英国境内为数不多的"版权图书馆"之一，据说英国每出版1部新书，都会送1册到这里收藏。图书馆内更有不少罕见的珍本。这里的学习环境和设备都十分理想。

· 杰出校友

亨利·卡文迪许（彼得学院）

奥利弗·克伦威尔（西德尼·苏塞克斯学院）

查尔斯·达尔文（基督学院）

艾萨克·牛顿（三一学院）

维特根斯坦（三一学院）

斯蒂芬·威廉·霍金（三一学院）

亨利·卡文迪许

剑桥大学图书馆

• 中国校友

从 20 世纪初就开始有中国的学生到剑桥大学留学，徐志摩的《再别康桥》更是把我们带入一个充满浪漫和诗意的地方，令我们仰慕，令我们遐想。他曾满怀深情地说："我的眼是康桥教我睁的，我的求知欲是康桥给我拨动的，我的自我意识是康桥给我胚胎的。"浓浓的康桥情结挥之不去。剑桥大学为中华民族培养了许多有为之士，除中国著名作家徐志摩外，还有萧乾、华罗庚外、张文裕、陈立、王应睐、刘佛年、王鸿祯、朱既明、王竹溪、戴文赛、伍连德、丁文江、李林等人。

牛津大学 〉

牛津大学（University of Oxford）是一所位于英国牛津市的公立大学，建校于1167年，为英语世界中最古老的大学。牛津大学具有世界声誉，它在英国社会和高等教育系统中具有极其重要的地位和世界性的影响，英国和世界很多的青年学子们都以进牛津大学深造作为理想。

华罗庚

学校简介

牛津大学位于英国牛津市，是英语世界中最古老的大学。虽然牛津大学的确切创立日期仍不清楚，但其历史可大约追溯到12世纪末，至已有9个世纪。1209年，在牛津学生与镇民的冲突事件过后，一些牛津的学者迁离至东北方的剑桥镇，并成立剑桥大学。自此之后，两间大学彼此之间展开相当悠久的竞争岁月。

有"全球本科生诺贝尔奖"之称的罗德奖学金，每年在全球选取80名最优秀的大四本科生去牛津大学攻读硕士或博士，这些罗德学者学成之后在全世界都有非常重要的影响力。牛津大学是英国研究型大学罗素大学集团、欧洲顶尖大学科英布拉集团、欧洲研究型大学联盟中的核心成员。

牛津大学以自然科学和应用经济科学、商务管理哲学三大领域的不断进取与创新成就震撼整个世界，同时也以丰富多样的教学方法声名远扬：阅读、实验、导师辅导等多种方法结合，尊重学习规律，调动学生学习热情，培养出一代代堪称天之骄子的牛津精英。该校在心理学、生物学和法律、工程学、社会科学、经济、哲学、历史、音乐、化学、生物化学、文学、法语、德语、丹麦语、数学、物理、地球科学上均是行内之翘楚。

> ## 中国牛津奖学金

　　中国牛津奖学金（China Oxford Scholarship Fund, COSF）于1992年设立，供已经取得牛津大学研究生入学许可的中国留学生申请，奖学金得主必须在学业完成后返回中国就业。奖学金申请人必须是中国大陆、香港或澳门的公民，而且是研究生，研究专业不限；奖学金金额从1000英镑至12500英镑不等。

牛津

始把牛津作为一个"总学",这实际上就是牛津大学的前身。学者们之所以会聚集在牛津,是由于当时亨利二世把他的一个宫殿建在牛津,学者们为取得国王的保护,就来到了这里。12世纪末,牛津被称为"师生大学"。1201年,它有了第一位校长。1213年,该校从罗马教皇的使节那里得到第一张特许状。

正是在中世纪,那些思想活跃、生活不羁、常赊欠债务的青年学生,不可避

• 学校历史

牛津是泰晤士河谷地的主要城市,传说是古代牛群涉水而过的地方,因而取名牛津。牛津向来是伦敦西行路线上的重点,早在1096年,就已有人在牛津讲学。

牛津大学是英语国家中最古老的大学。在12世纪之前,英国是没有大学的,人们都是去法国和其他欧陆国家求学。1167年,当时的英格兰国王同法兰西国王发生争吵,英王一气之下,把寄读于巴黎大学的英国学者召回,禁止他们再去巴黎大学。另一说法是,法王一气之下,把英国学者从巴黎大学赶回英国。不管如何,这些学者从巴黎回国,聚集于牛津,从事经院哲学的教学与研究。于是人们开

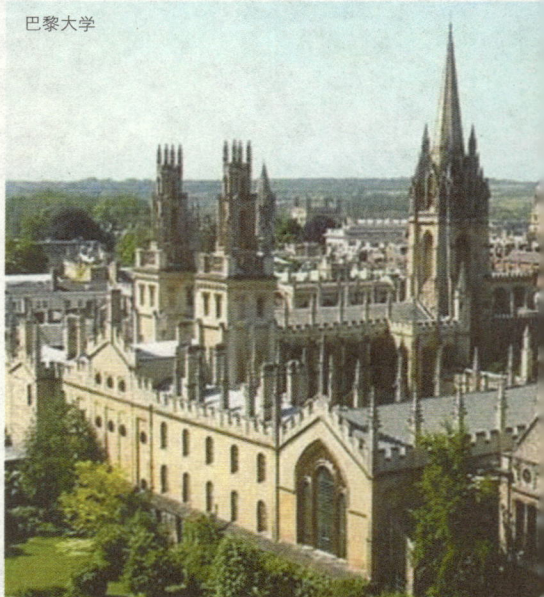
巴黎大学

牛津城

免地与当地居民发生冲突。剑桥大学的创办也是 13 世纪初。其中最大的一次冲突，是几百名学生被乱箭射死。这件事的结果是国王出面镇压，并判市民赔偿牛津大学 500 年费用。构成牛津大学的学院有许多是在 13 至 16 世纪之间创立，基督教会学院是 1525 年渥西枢机主教创建，作为培训主教的教会学院。汤姆方园里的塔楼上半部是列恩在 1682 年建造，为该市最大型的塔楼。1648 年汤姆大钟挂上时，学院共有 101 名学生，因此在晚上 9 时 05 分（牛津的时间比格林尼治慢 5 分钟）大钟敲 101 下，提醒学生注意宵禁（1963 年起不再实施）。

牛津大学不同于其他大学，城市与大学融为一体，街道就从校园穿过。大学不仅没有校门和围墙，而且连正式招牌也没有。楼房的尖塔在烟雨蒙蒙中若隐若现，高高的石墙上爬满老藤，稀疏的绿叶中绽放着红红的花朵，小城显得古朴素雅。牛津城的建筑古色古香，分属于不同历史年代的不同建筑流派。在牛津街道上散步，就像回到了历史之中。

英国人把牛津当作一种传统、一种象征、一种怀恋和一种追寻。在那里可以回忆起过去的美好时光，可以重温昔日的辉煌。市内有圣迈克尔教堂的萨克森人塔楼，诺曼人碉堡和城墙遗址等等，处处给人以

文艺复兴风格的建筑

历史的纵深感，难怪英国有一句民谚："穿过牛津城，犹如进入历史"。齐尔维河和爱西斯河（泰晤士河流经该市之名）的河滨步道，你也可租艘平底船，在齐尔维河上消磨悠闲的午后。

牛津的学院中有许多中世纪建筑瑰宝，并且群聚在市中心周围。街两旁布满中世纪的四合院，每个四合院就是一所学院，由于在当时学术是教会的专利，因此学院都以修道院式建筑来设计，不过四周往往围绕着美丽的庭园。尽管大多数的学院这些年来多有所改变，但是依然融合许多原有特色。每所学院均有其辉煌的历史、神话般的建筑遗迹，它们都可以描画出各种有趣的史实。初到牛津的共同印象———每个人都会觉得每个学院都像是中国各地那些破旧的古庙，一进门就给人一种寂寞与荒凉的感觉。因为每个学院完全是中世纪修道院的模样，这也反映牛津人强烈的思古情怀。

城内多塔状建筑，故又得名"塔城"。中世纪的塔楼古色古香，文艺复兴风格的建筑，弥漫着浪漫气息；位于民众方庭的图书馆，建于 1371 年，是英格兰最古老的图书馆；大学植物园，建于 1621 年，是英国最早的教学植物园；蜿蜒曲折，幽深绵长的皇后小巷，快 700 年历史了，路边的石凳长满了青苔，让人回忆起牛津的起始。王尔德坐过的木凳、萧伯纳倚过的书架，都照原样没动。外面环境如此，走进楼内，让人更加感到历史的分量。在学校最早的图书馆韩夫瑞公爵图书馆里，时光仿佛是静止不动的，寂静充满了这书本的圣殿。从地板到屋顶，全是手稿和未刊资料，它们像宝库一样等待着后来的人去开发。

雷德克利夫广场是大学举行庆典及各项文艺活动的中心，这是整个古城的中心，它远隔了主要街道的喧闹。附近红砖地的铜鼻小巷，巷中三两行人，绿树遮天，让人觉得心阔神逸。圣玛丽教堂位于广场南边，17 世纪前，学校的主要庆典、音乐会都在这举行。广场的西角是建于 15 世纪的神学院，有古典式圆顶的雷德克利夫建筑是牛津很特殊的建筑。它是图书馆的原始建筑。

古典式圆顶的雷德克利夫建筑

85

• 图书馆

　　牛津是学术机构的天下。牛津共有 104 个图书馆。其中最大的博德利图书馆于 1602 年开放，比大英博物馆的图书馆早 150 年，现有藏书 600 多万册，拥有巨大的地下藏书库。剑桥也有近 100 个图书馆，藏书 500 多万册，每年购书经费约 300 万英镑（折合 4000 多万人民币）。根据 1611 年英国书业公所的决定，英国每一家出版社的图书都必须免费提供 1 册书给牛津和剑桥的图书馆，至今仍然如此。

博德利图书馆

布莱克韦尔书店

• 牛津大学书店

　　牛津的书店几乎与图书馆一样多，大大小小有 100 多个。有世界上最大的学术性书店布莱克韦尔书店，也有许多非常小但内蕴丰富的旧书店。百年老店布莱克韦尔创建于 1897 年，位于博德林图书馆的对面，在销售图书的同时它还从事出版事业。从外表看，这家书店虽仅有 3 个不大的店面，但书店的三层楼和地下层连通，最顶层还有二手书店，书的数量和种类多到找书必须借助指示牌的地步。书店中那块从开张就有的著名木牌被镶在墙上，牌上仍然是 100 多年前开张时的那段让人高兴的话"没有人会来问你要什么，你想随手翻阅任何书籍，尽管自便。如果你需要，店里职员随时为你服务。不论顾客来看书或是买书，都会受到一样的欢迎"。

它在英国有 78 家连锁店，仅牛津就有 10 多家分店，分别经营艺术、文学等分类图书和音像资料；另外在其他国家也有许多分店。通过网络，读者可以迅速查书、订书、购书，享受一流的国际性服务。1994 年 6 月 8 日美国总统克林顿回母校牛津大学参加荣誉院士的授予仪式，还特地到这家书店买书。书摊在牛津则随处可见。

基督教堂学院

• 学院名称

学院的名称听起来很奇怪，其实不少学院的命名是很偶然的。比如，基督教堂学院，是因为牛津城最古老的大教堂就在学院之内；万灵学院是为了纪念百年战争战死者的英灵；奥里尔学院则因为刚刚建立的时候，学院买了一所名叫"奥里尔"（意为黄莺）的房子；还有一所学院叫"布拉斯诺兹"，这个字是由英语"铜鼻子"一词演变过来的，因为学院大门上的铜门环很像个鼻子，而且至今还供在学院的餐厅里。学院也不按专业划分，但在发展过程中，各个学院渐渐形成了各自的特点。比如，基督教堂学院以浓厚的贵族气氛著称；默顿学院出了不少诗人；圣埃德蒙大厅学院特别喜欢招收运动员；奥里尔学院侧重培养牧师；摩德林学院有许多赛艇高手。这些学院彼此平等，学生可以在任何一所学院学习，直到毕业。

圣埃德蒙大厅学院

• 国王

爱德华七世：全名阿尔伯特·爱德华·维丁，1859 年入牛津大学，是首位进入牛津大学的王储。1901 年，60 岁的爱德华登上王位，称爱德华七世。

爱德华八世：全名爱德华·阿尔伯特·克里斯蒂安·乔治·安德鲁·帕特里克·大卫，

• 著名的牛津人

牛津产生了至少来自 7 个国家的 11 位国王、6 位英国国王、47 位诺贝尔奖获得者、来自 19 个国家的 53 位总统和首相，包括 25 位英国首相（其中 13 位来自基督堂学院），12 位圣人、86 位大主教以及 18 位红衣主教。

自 1936 年 1 月 20 日其父驾崩至 1936 年 12 月 11 日主动让位，他当了不到一年的英国国王。爱德华是唯一自愿退位的英国君主。1936 年 12 月 10 日他签署退位的文件，次日英国国会批准，爱德华退位。

约旦国王阿卜杜拉二世：全名阿卜杜拉二世·本·侯赛因，是约旦已故国王侯赛因的长子。他于 1999 年 1 月被侯赛因

国王立为王位继承人（王储），2月7日继位登基。

哈拉尔五世：挪威国王。

奥拉夫五世：挪威国王。

艾哈迈德·沙阿：马来西亚最高元首。

端古·阿卜杜勒·哈利姆：马来西亚最高元首。

端古·加法尔·伊卜尼：马来西亚最高元首。

拉玛六世：泰国国王。

威廉二世：荷兰国王。

乔治·图普五世：东加国王。

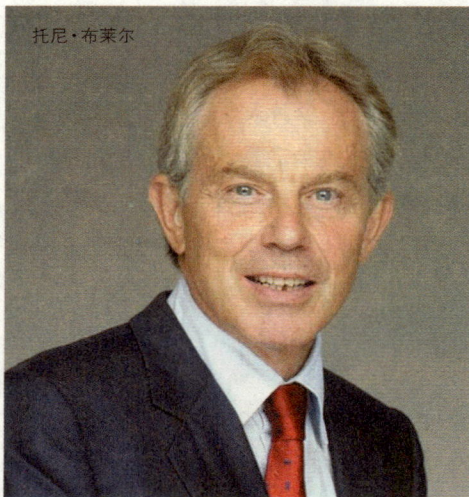

托尼·布莱尔

• 英国首相

大卫·卡梅伦，2010

托尼·布莱尔，1997—2007：毕业于牛津大学圣约翰学院法律系，1997年5月任首相，成为自1812年以来英国最年轻的首相，后兼任首席财政大臣和文官部大臣。他出任首相后，对工党大胆进行革新，对原保守党政府的内外政策进行了一系列调整。2001年6月在大选中再次获胜，连任首相，成为英国历史上首位连任的工党首相。

玛格利特·撒切尔，1979—1990：1943年进牛津大学萨默维尔女子学院攻读化学，大学时代参加保守党，并担任牛津大学保守党协会主席。她曾4次访问中国，1984年在北京代表英国政府签署了《中英关于香港问题的联合声明》，为香港回归中国奠定了坚实的政治基础。

哈拉尔五世

哈罗德·威尔逊，1964—1970、1974—1976（1916 年 3 月 11 日 — 1995 年 5 月 24 日）：是 20 世纪最重要的英国政治家之一，曾分别在 1964 年、1966 年、1974 年 2 月和 1974 年 6 月的大选中胜出，虽然他每次在大选只是险胜，但综合而言，他在大选赢出的次数，冠绝所有 20 世纪的英国首相。另外，相比较于其他同时代的政客，他被普遍认为是一位智慧型的政客。

哈罗德·威尔逊

比尔·克林顿

• 总统和总理

比尔·克林顿，前美国总统：出身贫寒的克林顿在乔治城大学外交学院拿到国际关系学位后，又获得了罗德奖学金，得以到英国牛津大学深造。他曾经担任过美国第 42 任总统，长达 8 年。他与他的副手艾伯特·戈尔一起在 1992 年击败当时竞选连任的老布什而当选总统，并在 1996 年以压倒性优势击败共和党参议员鲍伯·杜尔连任。到 2001 年离职时，克林顿是历史上得到最多公众肯定的总统之一。

莱斯特·皮尔逊，前加拿大总理，1963—1968；

约翰·马尔科姆·弗雷泽，前澳大利亚总理 1975—1983；

英迪拉·甘地，前印度总理佐勒菲卡尔·阿里·布托；

前巴基斯坦总理，1971—1973 贝娜齐尔·布托，前巴基斯坦总理，1988—1990、1993—1996。

帝国理工学院

帝国理工学院 〉

帝国理工学院（Imperial College）成立于1907年，曾是联邦大学伦敦大学的一个加盟学院。学院于2007年7月正式脱离伦敦大学成为一所独立的大学，简称帝国理工，也称伦敦帝国学院（Imperial College London），是罗素大学集团成员之一。作为一个专精于科学技术和医学的大学，帝国理工和麻省理工在全世界享有同等的声誉，其研究水平被公认为是英国大学的三甲之列。

• 学校概况

帝国理工提供本科和研究生教育，共有 5 个学院：工程学院、医学院、自然科学院、生命科学院和商学院。除此之外，还有一个人文系，提供选修的政治、经济、历史、艺术和语言课程。该校通常被认为是英国最严格的大学，它授予一等学位的比例和每年的淘汰率都十分引人瞩目，尽管它是英国入学标准最高的大学之一。

• 校园环境

学校坐落于伦敦标准的富人区——南肯辛顿，与著名的海德公园、肯辛顿宫（戴安娜王妃生前住处）仅咫尺之遥。这里的博物馆值得一去，很多大型超市也可步行到达。帝国理工学院的建筑风格属于典型的折衷派，集古典与现代为一体。

帝国理工是一个开放式的大学，由众多分散的校区组成，但大部分院系还是在南肯辛顿校区，位于英国伦敦久负盛名的海德公园南边和皇家阿尔伯特大堂旁，在伦敦的西敏寺和皇家肯辛顿和切尔西区交界处，一个学术机构密集的区域。自然历史博物馆、科学博物馆、维多利亚和阿尔伯特博物馆、皇家艺术学院、皇家音乐学院以及皇家地理协会都在附近。

南肯辛顿校区中央的女王塔，是校园里的标志性建筑。塔高 287 英尺（85 米），是从前帝国研究院唯一保留下来的建筑物。它原来是一座大楼的一部分，塔内还有以前设置水缸的大堂。在上世纪 60 年代，帝国研究院拆卸，帝国学院在研究院的原址上扩建。1966 至 1968 年，塔进行改建，成为一座独立的建筑物。塔里面悬挂着 10 口大钟，是 1982 年来自澳大利亚的礼物，以王室成员的名字命名。每有重要的王室成员生日或其他王室纪念日，大钟都会在下午打响。

海德公园

• 学校历史

帝国理工于 1907 年由维多利亚女王和阿尔伯特亲王在 1845 建立的皇家科学院、大英帝国研究院、皇家矿业学院和伦敦基蒂戈蒂学院合并组成，尽管这三所学院仍然在宪制上保留着自己的实体，帝国学院在 1907 年 7 月获得了皇家特许状，成为一个实际上统一的实体。上世纪 60 年代，随着兼并前帝国学会，现在的南肯辛顿校区基本成形。

随后，圣玛丽医院医学院（1988）、国家心脏和肺学会（1995）、查令十字和西敏寺学校先后并入帝国理工，组成医学院，作为帝国学院的第四个宪制学院。1997 年，帝国理工医学院兼并了皇家研究生医学院、皇家妇产科学会，2000 年又兼并了肯尼迪风湿病学学会。

同样是 2000 年，帝国理工又兼并了并不是十分知名的崴学院作为它的一个分校区，主要研究环境科学。人们认为帝国学院的目的主要是获得崴学院所拥有的大量土地，帝国学院于 2005 年 12 月 6 日宣布崴校区吸引了 10 亿英镑的投资，将被建成一个世界级能容纳 12500 人的生物燃料研究中心。

2002 年，维持了几十年的宪制学院系统被废除，继而采用了新的院系制度。

2005 年底，学院宣布将合并物理科学院和生命科学院组成新的自然科学院。

2005 年 12 月 9 日，学院宣布计划退出联邦制的伦敦大学，并正式开始与伦敦大学磋商相关事宜。

2007 年，学院成立 100 周年之际，正式脱离伦敦大学，成为一所独立的大学。

维多利亚女王

伦敦大学学院

伦敦大学学院 〉

伦敦大学学院（University College London，简称伦敦大学学院）是一所创建于1826年的综合性大学，是英国金三角名校的一员，享有英国政府最多的财政预算。它拥有26位诺贝尔奖得主与3位菲尔兹奖得主。从诗人泰戈尔到圣雄甘地，从轻武器专家勃朗宁到发明电话的贝尔，都曾就读于伦敦大学学院。伦敦大学学院在主要世界大学排名中一直名列前茅。近几年由于科研水平和经济实力的迅速发展，跨入了世界大学前10的顶尖行列。

• 校园容貌

伦敦是世界文化、娱乐之都，国际金融中心之一。社里拥有超过800万的常住人口。作为一个长久不衰的容纳了多民族的城市，每个人都有应该来伦敦体验一番。伦敦大学伦敦校区总部设在伦敦市中心。伦敦大学学院是一个开放式的大学，由众多分散的建筑组成，有着悠久的历史和文化底蕴。尽管伦敦大学学院的建筑遍布伦敦，但学校主要部分在伦敦中心的布鲁姆伯利，高尔街。高尔街的校区包括伦敦大学学院的科学及主要图书馆、语言系、历史系、布鲁姆伯利剧院、生物与物理系、Petrie 埃及考古博物馆。在高尔街周边及高尔街广场，有着一系列更多的建筑，包

95

括考古学院、化学系、Bartlett 建筑环境学院、斯拉夫与东欧研究学院。在伦敦大学学院周围有着一群著名的机构，例如：大英博物馆、大英图书馆。

13000 名，其中 1700 名来自 100 多个国家。学院 9 位诺贝尔奖得主曾经是学院教职员或学生。在伦敦大学 20 多个学院中，该院是最大的学院，该大学在 2009 年泰晤士报英国大学综合排名高居第四位。

伦敦大学学院

• 学校历史

伦敦大学学院是一所创建于公元 1826 年的综合性大学。伦敦大学学院也是伦敦大学联盟的两所创校学院之一。在成立初，伦敦大学学院使用伦敦大学作为校名。1836 年更名为大学学院，后更名为伦敦大学学院。伦敦大学学院通常被认为是继牛津大学、剑桥大学之后英格兰第三古老的大学。

伦敦大学学院是伦敦历史最悠久最大的学院，学院有教职员 1112 名、学生

● 学校荣誉

伦敦大学学院被认为是英国教育平权的先锋。历史上第一个学生会和大学剧院诞生于此。伦敦大学学院的全球综合排名一直保持在前 25 强，近几年由于科研水平和经济实力的迅速发展而跨入了世界大学前 10 名的顶尖行列，在 2010《泰晤士报高等教育》世界大学前 200 排名中跃居世界第 4，是现如今世界知名顶尖学院。这里总共诞生过 21 名诺贝尔奖获得者，其中有 13 名是诺贝尔生理学或医学奖得主；有 3 位菲尔兹奖得主。譬如圣雄甘地、泰戈尔、诺兰等著名诗人、政治家、表演艺术家都学习于此。它也是英国大学中研究收入最多的大学。伦敦大学学院于 2004 年被《星期日泰晤士报》评为年度最佳大学。该报 2005 年的大学入学指南中将伦敦大学学院描述为：无论规模或学术上，都在伦敦大学中处于中心地位。

经过一连串的整合，伦敦大学学院已经成为一个在学科多样性上可以与牛津、剑桥比肩的尖端科研与教学机构。在 2005 年 9 月，伦敦大学学院向英国枢密院申请颁发本校学位的要求得到批准，第一个伦敦大学学院本校学位在 2008 年被颁发。2006 年 1 月，伦敦大学学院决定成为"欧洲科研大学联盟"的一员。

伦敦大学学院

伦敦政治经济学院 >

伦敦政治经济学院创立于1895年，为伦敦大学联盟成员。它也是英国金三角名校和罗素大学集团成员。伦敦政治经济学院是一所将教学与科研集中在社会、政治和经济科学领域的顶尖学校，也是法律、经济学、国际关系、政治学、人类学、社会学、社会政策等方面研究的全球先驱。校友及教员之中包括17名诺贝尔奖得奖者，发展了最权威的经济理论，许多对全球政治、经济、社会发展有影响的思想、政治体系均源于该校。

• 发展历史

学院创立于 1895 年，由一群推崇费边主义（费边原是古罗马的将军，以使用迂回战术闻名。19 世纪 80 年代在英国兴起的，以温和改良手段实现社会主义的思潮，就称为费边主义）的费边协会会员所倡议。1900 年伦敦经济学院成为伦敦大学的一部分，并成为目前伦敦大学最大的学院之一。伦敦经济学院共有 18 个系、26 个研究中心或研究所，开设有经济、数学与统计、历史、法律、哲学等多种社会科学专业。同学院拉丁文的校训"以探知并了解事物发生的缘故"一致，伦敦经济学院多年来一直依循公正的办学及研究原则，院长及教授皆有各种政治倾向与学派

伦敦政治经济学院

英国国会大厦

背景，更展示了对多元理念的兼收并蓄。此外，由于伦敦经济学院的位置靠近英国政治、工商业及媒体的操作中心，例如国会大厦、首相办公室、一些重要的金融机构、法院及英国广播公司都近在咫尺，因此它不仅和外界有频繁的交流机会，同时也享有紧密的联系。每年更有许多国际的知名领导人和各界优秀的专才到访，他们在伦敦经济学院进行公开讲座、教学及个人研究等活动，极大地丰富了学院的知识景观，也强化了伦敦经济学院的学术地位。

在 1896 年 9 月就与新建的校图书馆英国政治经济图书馆一起搬到了阿德菲特勒斯 10 号，并在后来几年继续发展的步伐。到了 1900 年，学校被伦敦大学认可为其所属的一个经济院系，并于同年开始招收本科生和博士生。与此同时，伦敦政经学院的学术范围开始扩展到其他社科学科，包括地理（1902 年）、哲学（1903 年），然后是国际关系、历史、法律、心理学和社会学。到了 1902 年，小小的阿德菲特勒斯校区已经容纳不下整个学校，于是伦敦政经学院 1902 年正式搬到了学校位于奥德乌奇和国王道的校址——离白厅近在咫尺。学校的老教学楼在 1922 年正式在霍顿街落成，1920 年得到英王乔治五世奠基，至今仍然是学校重要的办公和教学用地。

英国政治经济图书馆

• 图书馆

英国政治经济图书馆，建立于 1896 年，是全球最大的社会科学类图书馆，位于昂内尔·罗宾斯楼。作为英国国家级的社科图书馆，其藏书有重要的国内和国际价值。图书馆一度 24 小时全天候开放，但这个计划于 2007 年停止，一般每天从早上 8 点到午夜都会开放，考试期 24 小时开放。图书馆每天大约有 6500 人次访问。它还开设有特别国际研究藏馆，为每

年 12000 名校外读者使用。

图书馆在世界范围搜集书刊，但其藏书都是由主要的欧洲语言写成。图书馆共藏书超过 400 万册，涵盖了主要的社会科学领域。图书馆藏有大量 19 世纪初以来的政府出版物、统计资料和学术期刊。1946 年以来，图书馆成为联合国指定的存档图书馆，用来存放联合国出版的文档和出版物。其他国际组织，包括 OCED、国际劳工组织、关税暨贸易总协定和世界

贸易组织的官方资料在馆内均有收藏。

  2000 年，学院花费 3500 万英镑改造原有图书馆，新图书馆由福斯特建筑事务所设计，采用了富有争议的螺旋型楼梯设计。新的图书馆现有 450 台 PC 台式电脑和 226 个笔记本电脑插座。四楼和五楼是专门用于学术的"LSE 研究室"。新的图书馆仍然是师生们最喜欢去的地方，调查显示伦敦政经学院的学生年借书量约 350 本，是英国平均值的 4 倍。

  肖氏图书馆是学院另一间图书馆，提

PC台式电脑

螺旋型楼梯

供小说等休闲读物，位于学院老教学楼内，费边窗也在这里展示。此外学院的学生也可以使用伦敦大学其他成员学院的图书馆以及位于罗素广场伦敦大学议事大楼的额外设施。

● 学位服知多少

学位服是学位获得者在学位授予仪式上穿戴的表示学位的正式礼服，是其获得学位的、有形的、可见的标志之一。世界各国、各校的学位服虽有差异，但基本款式大致相同。中国在1994年5月以前，没有关于学位服的统一规定。1994年5月10日，根据国务院学位委员会第十二次会议关于制定一套既有中国特色又符合世界惯例、统一规范的学位服，向学位授予单位推荐使用的决定，国务院学位委员会办公室印发了《关于推荐使用学位服的通知》及其附件《学位服简样》和《学位服着装规范》。

学位授予仪式

学位服规定简介 ⟩

　　学位服由学位帽、流苏、学位袍、垂布等4部分组成。

　　学士学位帽为方形黑色，博士学位帽流苏为红色，硕士学位帽流苏为深蓝色，校长帽流苏为黄色；博士学位袍为黑、红两色，硕士学位袍为蓝、深蓝两色，学士学位袍为全黑色，导师学位袍为红、黑两色，校长袍为全红色；垂布饰边处按文、理、工、农、医和军事六大类分别为粉、银灰、黄、绿、白和红色。

文
理
工
农
白色　医
军

学位冠

学位缀（硕士深蓝色）

学位领（工科黄色）

学位礼服徽

大带

学位衣裳（硕士藏蓝色）

蔽藤形色布

皮鞋

工科硕士服

现行硕士服

各学位授予单位如需在学位服上体现本单位标志，可在学位袍左胸前处绣（印或佩戴）校（院、所）徽记；同时，亦可在垂布衬里处使用本单位惯用色。

《学位服着装规范》规定，学位服是学位获得者、攻读学位者及学位授予单位的校（院、所）长、学位评定委员会主席及委员（或导师）出席学位论文答辩会、学位授予仪式、名誉博士学位授予仪式、毕业典礼及校（院、所）庆庆典等活动所穿着的正式礼服。

学位帽

流苏

学位服穿戴指南 >

• 学位帽

学位帽为方形黑色。戴学位帽时，帽子开口的部位置于脑后正中，帽顶与着装人的视线平行。

• 流苏

校（院、所）长、导师帽流苏为黄色，博士学位流苏为红色、硕士学位流苏为深蓝色，学士学位流苏为黑色。

流苏系挂在帽顶的帽结上，沿帽檐自然下垂。未获学位时，流苏垂在着装人所戴学位帽右前侧中部；学位授予仪式上，授予学位后，由学位评定委员会主席（或校、院、所长）把流苏从着装人的帽檐右侧移到左前侧中部，并呈自然下垂状。

105

学位袍

• 学位袍

校长袍为全红色，导师袍为红、黑两色，博士学位袍为黑、红两色，硕士学位袍为蓝、深蓝两色，学士学位袍为黑色。穿着学位袍，应自然得体，学位袍外不得加套其他服装。

• 垂布

垂布为套头三色兜型，饰边处按文、理、工、农、医、军事六大类分别标为粉、灰、黄、绿、白、红颜色。

垂布佩戴在学位袍外，套头披在肩背处，铺平过肩，扣襻扣在学位袍最上面的纽扣上，三角兜自然垂在背后。垂布按授予学位的文、理、工、农、医、军事六大类分别佩戴。

• 附属着装

内衣：应着白色或浅色衬衫。男士系领带，女士可扎领结。

裤子：男士着深色裤子，女士着深色裤子或深、素色裙子。

鞋子：应着深色皮鞋。

学位服起源发展 〉

13世纪初叶, 法国巴黎大学首创学位制度, 学位分博士、硕士和学士3个等级。为了能在学位授予典礼上体现出标志不同学识的各级学位, 服装设计师应巴黎大学校长的请求, 设计出统一规范的学位服。学位服由学位帽、流苏、学位袍和套头三角兜型垂布等4部分组成。学位帽统一为书本式方形, 黑色; 流苏是不同学位的重要区别, 博士学位帽的流苏为红色, 硕士学位帽的流苏为深蓝色, 学士学位帽的流苏为黑色; 垂布的饰边颜色是学科专业的重要标识物, 按文、理、工、农、医、军事六大专业, 分别为粉、灰、黄、绿、白和红色; 博士学位袍为红、黑两色, 硕士学位袍为蓝、深蓝两色, 学士学位袍为黄、白两色。

时至18世纪, 学位服中又增添了导师服, 供学位授予单位的校长、学位导师出席论文答辩会、学位授予仪式和各种庆典时穿用。导师服也由方形黑色学位帽、帽上的流苏 (黄色)、学位袍 (以红色为主镶黑襟) 和垂布4部分组成。学位授予典礼上, 身着导师服的校长、学位评定委员会主席、学位导师, 首先把学位获得者的流苏从右边拨到左边, 然后庄重地授予学位证书, 被授予者应向他们鞠躬, 表示谢意。

学位评定委

校长服

导师服

名誉博士服

博士服

硕士服

学士服

学位　学位　学位

学位　学位　学位

垂布

我国特色 >

我国目前实行的学位服,是根据国务院学位委员会的决定统一制作的,它既有中国特色,又符合世界惯例。

参照国际标准,我国学位服也由学位帽、流苏、学位袍和垂布4部分组成,款式、颜色与世界惯例大致相同,区别仅仅是学位袍在袖口处绣有长城图案,袍的前襟纽扣采用中国传统的布制黑色"如意"扣,套头三角兜型垂布采用织有中国民族特色花纹的织锦缎制作,带有不同于其他国家的民族特色。

礼服由来 >

大学礼服是怎么来的呢? 不同学位之间的礼服又有什么不同呢? 要追寻它的来历,就要循着欧洲大陆大学教育发展的轨迹,回溯到中世纪的西欧。

西欧大学教育的发展,是中世纪生活影响的结果。在中世纪初期,罗马帝国灭亡了,希腊和罗马灿烂的古典文化被摧残,迅速走向衰弱,一度繁华的城市从人们的视野中消失了,各种教育机构荡然无存,罗马基督教会成了古代文化主要的承继者和传播者。到了12世纪,由于基督教的发展，需要大量的神职人员帮助主教管理他们的教区，于是陆续出现了修道院、大主教区学校和教区学校。大主教区学校设在大主教区内，教区学校设在神职人员所在的村落。教会利用这些场所，对教士和僧侣进行读、写、算和教义基本知识的教育，他们采用古典文化的一些成果，逐步形成了被称为"七艺"（语法、修辞、逻辑、算术、几何、音乐、天文）的学习课程。这些学校的教师在意大利被称为博士（Doctor，来源于拉丁文doctoreum，意即教师），而在巴黎则把教师称为硕士（Master，来源于拉丁文magister，意即教师、师傅）。

那个时候，手工业兴盛起来，并逐步与农业分离，商业也随之发展，重新形成了以手工业和商业为中心的城市，出现了各种手工业的同业公会和商业行会，这些行会有严密的组织和规章制度，拥有相当大的自主管理权。随着学校的发展，被称为硕士或博士的教师数量日益增加，各个地方的教师们仿效手工业和商业的同业公会，组织起了教师的同业公会，学生则组织成同乡会，管理他们自己的事务。他们都把自己的行会叫作大学（University，来源于拉丁语Universitals，

教会

意为共同体），因而大学这个词成了各教育中心的共同称谓。也就是说，最初的大学机构就是这些教师的行会和学生的行会组织。而同一行会里的相同专业的教师又组成特殊的专业行会，称为系或教授会（faculty，来源于拉丁语facultas，意为才能，即教授某种学科的能力），后来又把系这个名词的含义扩展为教授某部门知识的大学分部（学院）。在意大利北部的博洛尼亚地区，建起了中世纪最早的两所大学——博洛尼亚大学和萨莱尔诺大学，随后巴黎大学、牛津大学等学校像雨后春笋般相继产生。

这些早期大学的学生，要被编成班级进入教室听课，但学校不会对他们进行考试。只有那些决定今后要成为一名教师的学生，学校才会对他们进行考试。考试过程的第一步，是要对他们进行一系列的不公开的和公开的预试。考试合格的应试者，要穿上僧侣的长袍（gown），同学士们（Bachelor，来源于拉丁文baccahalar，意即学士）坐在一起，接着要举行由顺利通过了考试的应试者提供葡萄酒的盛宴。这就是学生毕业典礼仪式的雏形。但是，要成为一个硕士或博士（当时，博士和硕士并无区别，都是教

巴黎大学

110

富和社会地位而决定。既然在早期大学中的学者都是传教士，他们的穿着应与其在修道院的地位一致，身上穿土褐色长袍，用头巾保护他们的头。于是，这种僧侣的黑色长袍和头巾演变成了今天大学流行的礼服，不但学校毕业典礼的仪式上要穿，其他一些重大庆典也要穿。

后来，长袍和头巾开始采用较为明亮的色调，不同学位的礼服也逐渐变得有些不同。学士、硕士、博士的礼服样式的差别，主要体现在头巾上。过了一段时间，头巾不再与长袍相连，单独成了一件物品，人们把它戴在头上。到了15世纪，帽子开始流行，头巾几乎成了饰物，人们穿它时，把它从头顶顺着脖子往下套，披挂在肩上，向后背垂下来。于是，学校礼帽应运而生。最初的学校礼帽的形状起源于硕士学位的符号，有几种不同的形状，有的是圆形，有的是方形，有的在帽子中央有一簇装饰物。今天的流苏（tassel）就是在此基础上发展而来的，只不过更精致罢了。牛津大学最先采用平顶方形礼帽（mortarbard，意即灰泥板），民间则建议学校礼帽应做成学者的一本书那样的形状，这样更能表现它的学术含义，更有书卷气。

师、师傅的意思），还要经过2至3年的学习，通过了严格的最后的考试才行。

在中世纪的欧洲，城镇里的男男女女都穿长袍，寒冷的大厅和透风的建筑使得人们不得不披上长及地板并连着头巾（hood，兜帽，又叫坎肩）的长袍。这些长袍和头巾制作的原料和颜色，由各人的财

● 大学之最

世界上最古老的大学——博洛尼亚大学 〉

　　博洛尼亚大学是公认的欧洲历史最悠久的大学，坐落于意大利艾米利亚——罗马涅大区的首府博洛尼亚。尽管大学的章程最早制定于1317年，但事实上早在11世纪末在博洛尼亚就已经出现了第一个法律学院，所以大学的建立时间，在大学800年校庆期间由乔苏埃·卡尔杜奇所领导的历史委员会经过考证确定为1088年。大学的创办者是依内里奥。

　　据悉，早在14世纪的时候博洛尼亚大学就已经开设了法学、艺术、药学、哲学、数学、天文、逻辑学、修辞、语法等学科，1364年还建立了神学院。众多科学史和文学史上的名人都曾经在这里求学、研究或从事教学工作，其中有但丁、雷·恩佐、丢勒、塔索、哥尔多尼等，波兰人哥白尼当年在这里学习教皇法规的同时，开始了天文学的研究。从中世纪开始，博洛尼亚大学在整个欧洲一直享有非常高的声誉，成为了学术圣地。

　　1988年9月18日，在博洛尼亚大学建校900年之际，欧洲430个大学校长在博洛尼亚的大广场共同签署了欧洲大学宪章，正式宣布博洛尼亚大学为欧洲"大学之母"，即欧洲所有大学的母校。

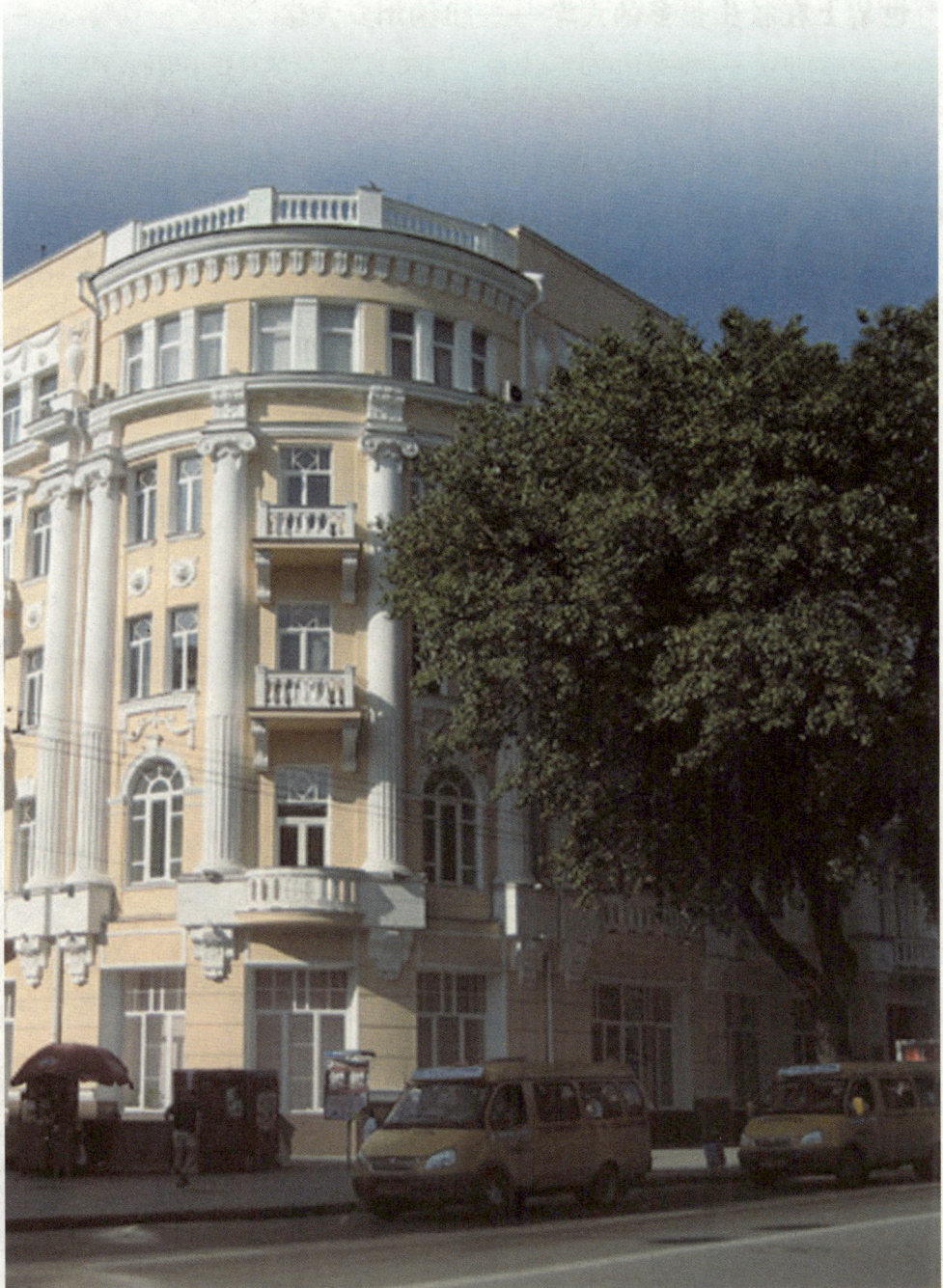

世界上在校生最多的大学——纽约州立大学 〉

纽约州立大学建校于1861年，是由60多所院校联合组成的规模最庞大、历史最悠久的美国州立大学。纽约州立大学提供5000多个专业与课程，在此就读的学生来自世界160多个国家，现有学生超过40万人、教师或讲师有1万多名，该大学设有4个分校、2个医学中心、13个艺术和科技学院、4个专业学院和6个农业学院。

纽约州立大学每年教育经费30多亿美元，而全球有些小国的每年政府开支都没有这样庞大，是名副其实的全球最大的大学系统之一。根据《美国新闻与世界报道》最新出版的全美最好大学一书指出：全美最佳大学和文理学院共有1400多所，这上千所大学中，有仅200所被列为国家级大学，而纽约州立大学一直居于美国最好的综合性大学前列，并且众多分校在全美排名可跻身前50位。

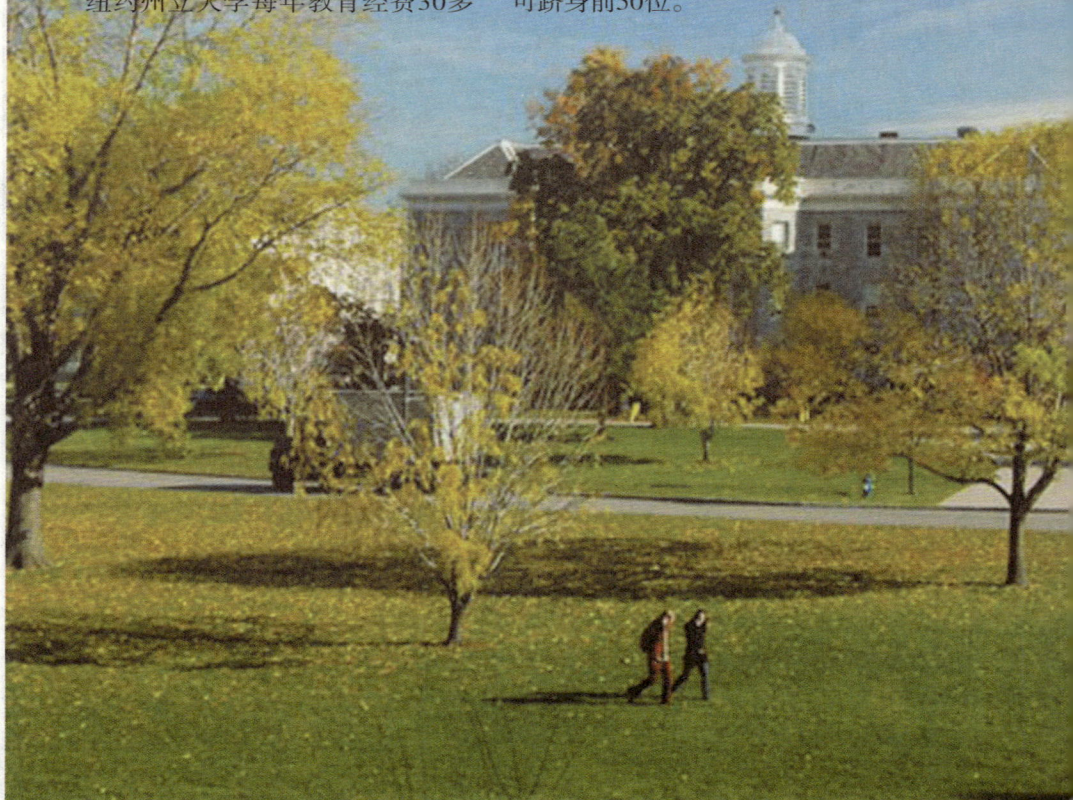

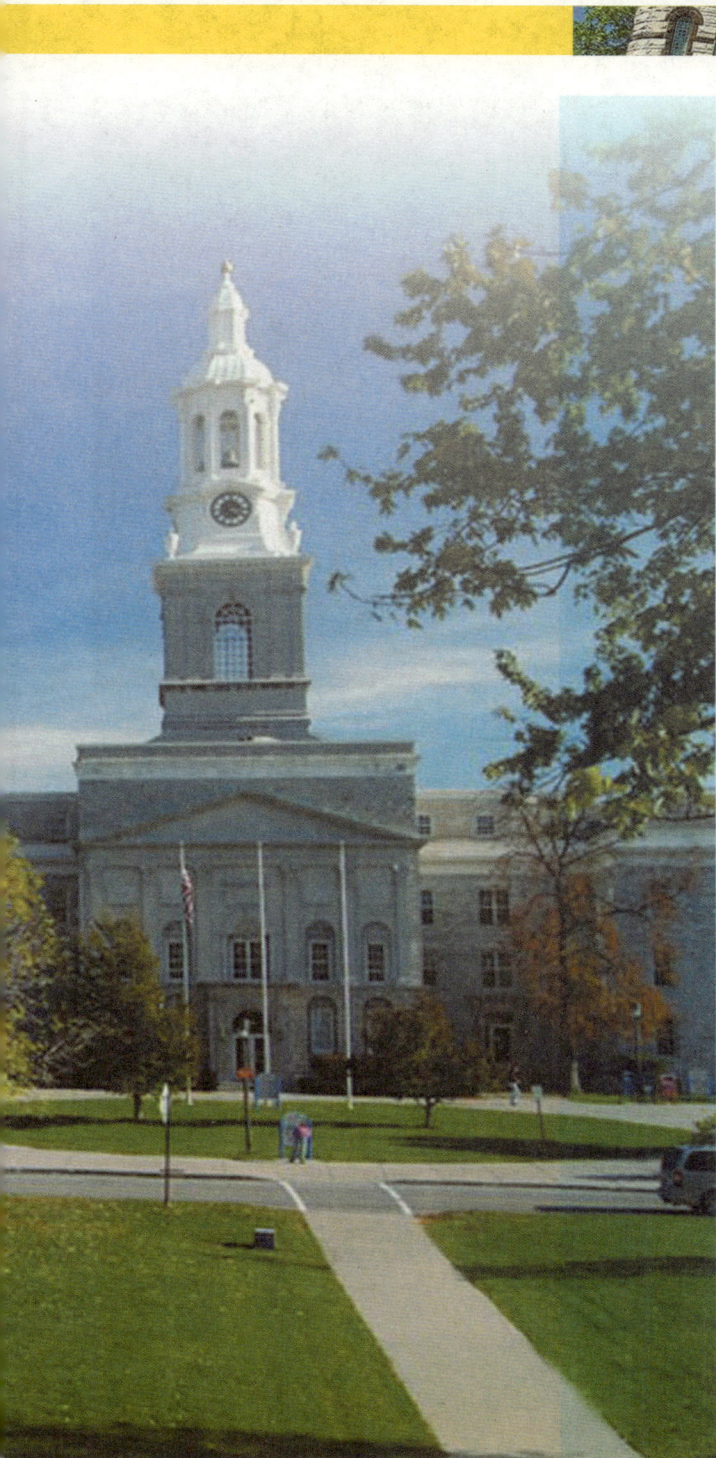

世界上最豪华的大学——沙迦大学 〉

阿联酋的沙迦大学被誉为"五星级大学"，这里几乎提供世界上最奢华的学习和生活环境。沙迦大学距离迪拜10千米，这里有最完美的人工供水系统，大学的校门是一个类似巴黎凯旋门的豪华拱门，大学图书馆毗邻一条宽阔笔直的大街，这条街宛如巴黎香榭丽舍大街，校园里的各个建筑间以鲜花和草坪点缀，景色宜人；大学的另一侧是一座和慕尼黑英国公园同样大的花园，大学停车场上停满了奔驰、宝马、保时捷等高档汽车。不要以为这些名车属于教授、校长，它们都是学生的坐骑。

沙迦大学是世界上最豪华的大学，图书馆按照美国国会的标准建造，藏书丰富。如果一旦发现图书馆还缺少某些书，可以立即去伦敦的英国国家图书馆采购。学校计算机室里配备了崭新的苹果电脑，学生们可以随意使用。一位大学教授介绍说，这里1/3的学生毕业后都不工作，也没有学生会在学习期间打工，他们不用为未来担忧。世界银行把阿联酋划定为世界第8大富国，年轻人结婚后都会从政府那里免费得到住房，大学生也可以得到一套带花园的学生住宅。当然，如果转学，住房应交还有关部门，然后被分配给新的学生。

世界上获诺贝尔奖最多的大学——剑桥大学 〉

英国剑桥大学成立于1209年，时至今日，它仍是世界上最好的大学之一，吸引着全世界的莘莘学子。霍金、培根、牛顿、达尔文等名人都毕业于该校。迄今为止，剑桥大学已经培育出了15位英国首相、9位坎特伯雷大主教、89位诺贝尔奖获得者，是全球诺贝尔奖学者拥有量最多的大学。

在剑桥大学著名的学者和名人中，有凯恩斯经济学派的创始人凯恩斯，有数学家和分析哲学的创始人罗素，有短篇小说家福斯特，有中国学者华罗庚、作家徐志摩等，印度前总理尼赫鲁、拉吉夫·甘地、马来西亚前总理拉赫曼、新加坡前总理李光耀等都是剑桥校友。

剑桥大学

117

斯瓦尔巴德大学科学中心

世界上最北的大学——斯瓦尔巴德 ＞

斯瓦尔巴德大学为挪威政府直属大学，位于北纬78°13'的挪威属斯瓦尔巴德群岛首府朗伊尔宾城，是世界上最北的大学，它从1993年8月开始招生，1994年学校正式成立。学校目前有北极地球物理、北极地质、北极生物及北极工程科技4个系，每年开设37门课程，全部用英文授课，培养本科生、硕士生和博士生。

斯瓦尔巴德大学有许多与众不同之处，所有新生入学的第一周必须接受野外生存训练，应学会射击、搭帐篷、野外做饭、驾驶和修理雪地摩托车等技能，这是因为这里的学生需要经常到野外进行科学考察和实验，这些技能是必不可少的。斯瓦尔巴德大学另外一个特殊的地方就是，这里的学生来自全球20多个国家，其中大部分来自北欧，中国西藏大学的4名教师也正在这里留学。

斯瓦尔巴德大学已经成为世界北极研究的重要机构，学校现有14名教授和副教授，每年还从全球各地邀请180多名客座教授和讲师前来授课，挪威科学研究评估委员会对这所大学的教学和科研力量评价很高。

世界上最小的大学——怀西伍德大学 >

怀西伍德大学成立于1987年，是由一家慈善机构创办，整个校园位于一个面积只有3.6米宽、8.5米长的简陋平房中，总面积不到31平方米，而大学里总计只有3间教室和一个迷你花园。

尽管怀西伍德大学面积很小，却开设了戏剧、历史、法语、西班牙语和

英镑，而过去20年来，这所大学已经培养了数千名获得正规文凭的大学本科生。

戏剧

怀西伍德大学

欧洲建筑史等多门课程，并为学生安排实习。每年有大约150名学生到这里深造，由于是慈善学校，这里的学费非常便宜，每门课程每年的学费只有1至2

迷你花园

119

● 大学趣闻

趣味课程 〉

● 《哈利·波特》学——霜堡州立大学

　　这门课是用物理学原理来解释 J.K. 罗琳的畅销书《哈利·波特》中的魔法。该课程被美联社曝光后，在全世界范围内引起轰动。如今关于这门课的报道遍布美国、欧洲、澳大利亚、印度尼西亚甚至中国的各大报刊杂志。

J.K.罗琳

• 《辛普森一家》与哲学——加州大学伯克利分校

要学习"辛普森一家与哲学"这门课，你需要更深入地了解这部片子。这门课深入研究该系列动画片如何描述与种族主义、政治等相关的社会问题。要想通过该课程，你需要在期末试考时编一段22分钟的表演。

加州大学伯克利分校

• 《星际迷航》与宗教——印第安纳大学

印第安纳大学将"《星际迷航》与宗教"列为艺术与人文学科的选修课之一。这门课通过大众文化来引入对宗教的批判性研究，这样看来，以对抗宗教为主题的《星际迷航》对于这一研究来说颇为适宜。

• 精灵语：《指环王》中的语言——威斯康星大学

在托尔金创造的新世界中，语言、神话、地图、物种都是全新的，这是一个值得阐释与讨论的世界。威斯康星大学就专门开出一门研究"辛达语"（编者注：《魔戒》作者托尔金发明的语言之一）的小型课程。

威斯康星大学

• 看电视的学问——蒙特克莱尔州立大学

这门对播音专业学生和非专业学生同时开放的课程，从"观众能如何理解电视节目"和"观众该在多大程度上理解电视节目"两方面对电视节目进行了分析和解读。课程目标是"为了让学生学会对电视在他们的生活，以及整个文化中所扮演的角色和产生的影响进行批判"。

• 如何穿衣——普林斯顿大学

老实说，有时候穿衣服什么的最花时间了！来上普林斯顿的"如何穿衣"课吧。该课针对大一新生，让同学们讨论诸如牛仔服、棒球帽、文身、人字拖、帆布鞋等广受争议的服饰。不过课程的内容远比搞明白每天早上穿什么要复杂得多，比如该课程还讨论人们怎样利用时尚——从用它来学习历史到用它来评估个性等。

积木

剑桥古怪的面试 >

在英国有一种说法：从政者到牛津大学深造，想拿诺贝尔奖就得入剑桥大学。剑桥创办800多年，出了89位诺贝尔奖得主，比美国哈佛、耶鲁两所名校加起来还要多；光是一所三一学院，就有28个诺贝尔奖得主，外加6位首相。难怪该校网页声言："要数尽剑桥出过的名人有多少，简直是不可能的，也没有必要"。入学面试被视为通向剑桥的"鬼门关"。有一次面试，导师出了这样一道题："What is risk（什么叫风险）？"许多考生被难倒了。有一个考生答案是："This is risk（这

就是风险）。"后来，这个考生被录取了。

在其他学校的面试中，只问你选择学科的原因或相关的常识，可剑桥的面试却古里古怪。有一个学生说了他的面试经历。他说，"我一进入房间就见到一大堆麻将大小的积木，每面涂上不同颜色。考官告诉我只有两块积木是一模一样的，要我想办法找出来。我当时一愣，找积木和我读机械工程有什么关系？"古怪的考题也出现在医学系的面试，一个考生要解释"壁球为什么撞墙会反弹回来？"校方认为，学生的专门知识和成绩是应该重视的，但是还得看学生遇到难题是怎么对付的。剑桥的教育目标和

壁球

教育方法富有创意，其挑选人才同样富有创意。一位专门负责面试亚洲学生的导师说，"报考剑桥的学生个个成绩骄人，所以成绩不应该是我们的唯一目标。我们选学生，要看他们是否具有潜质，有否独立研究能力，看他懂不懂提问题，有没有兴趣学习，能否在最少的引导下完成一件工作"。

剑桥大学

耶鲁学生

"叭喇狗"：耶鲁的骄傲 〉

在美国，名校与名校之间的竞争十分激烈。耶鲁大学和哈佛大学简直是"死对头"。且不说在《美国新闻与世界报道》最具权威的美国最佳大学排行榜的争夺战，就连一年一度的两校橄榄球对抗赛，也是争得你死我活。这项赛事和英国的剑桥与牛津百年传统划船比赛的版本同出一辙，对抗性很强。每到此时，比赛不论是在耶鲁还是在哈佛举行，可容纳几万人的体育场都会座无虚席。双方的师生和校友赶来助兴，各自举着标语牌，摇旗呐喊，为自己的球员欢呼。耶鲁的学生们有专门的歌谣笑话哈佛，鼓舞自己。蓝色是耶鲁的校色。有一首歌曲唱道："当大蓝队追你的时候，哈佛，晚安！"另一首歌则充满信心地预言："哈佛的队也许一直打到最后，但耶鲁会赢！"耶鲁球队的名字叫"叭喇狗"，一旦赢球，耶鲁的球迷们会有节奏地欢呼："叭喇狗！叭喇狗！"一年一度的赛事和比赛现场的气氛，培养和营造的是对抗与竞争的精神。耶鲁要让这种精神深深地植根在每一个学生的心坎上。

耶鲁球队主力

耶鲁大学

127

图书在版编目（CIP）数据

我的大学梦／刘蓉洁编著．—长春：北方妇女儿
童出版社，2016.2（2021.3重印）
（科学奥妙无穷）
ISBN 978－7－5385－9728－8

Ⅰ.①我… Ⅱ.①刘… Ⅲ.①高等学校－青少年读物
Ⅳ.①G648

中国版本图书馆 CIP 数据核字（2016）第 007762 号

我的大学梦

WO DE DAXUEMENG

出　版　人	刘　刚	
责任编辑	王天明　鲁　娜	
开　　本	700mm×1000mm　1/16	
印　　张	8	
字　　数	160 千字	
版　　次	2016 年 4 月第 1 版	
印　　次	2021 年 3 月第 3 次印刷	
印　　刷	汇昌印刷（天津）有限公司	
出　　版	北方妇女儿童出版社	
发　　行	北方妇女儿童出版社	
地　　址	长春市人民大街 5788 号	
电　　话	总编办：0431－81629600	

定　　价：29.80 元